MUHAMMAD IQBAL

Profetische dichter en filosoof

T0165947

Annemarie Schimmel

MUHAMMAD IQBAL
Profetische dichter en filosoof

Uit het Duits vertaald door
Winand M. Callewaert

PEETERS
LEUVEN
1990

Inforiënt-reeks

Hoofdredacteur: Dr. W.M. Callewaert

Redactieleden: Prof. U. Libbrecht
Prof. W. Vande Walle
Prof. U. Vermeulen
Adres: Blijde Inkomststraat 21, 3000 Leuven

Tibetaans-boeddhistische kunst. Publikatie naar aanleiding van de tentoonstelling: Fakulteitsgebouw Letteren en Wijsbegeerte van de Katholieke Universiteit te Leuven, 25 oktober-13 november 1982, 1982, 170 p.

W.M. Callewaert & L. De Brabandere, *India. Van de Laat-mogols (1700) tot heden*, 1984, 156 p., ill., platen.

L. Meyvis, *De gordel van smaragd. Indonesië van 1799 tot heden*, 1984, 189 p., ill., 1 kaart.

W.M. Callewaert, *De Zuid-Indische Tempels*, 1985, VIII-195 p.

C. Vertente, *Tibet. Het stille drama*, 1985, IX-154 p.

W. Vande Walle, *Basho, dichter zonder dak. Haiku en poëtische reisverhalen*, 1985, 221 p.

W.M. Callewaert, *Het Indiase subcontinent. Mensen, mythen, machten*, 1986, 343 p.

J. Vergote, *De Godsdienst van het Oude Egypte*, 1987, X-150 p.

H. Hernalsteen & U. Vermeulen, *Bedoeïenen en oliemagnaten aan de Golf*, 1988, 201 p.

A. Schimmel, *Muhammad Iqbal. Profetische dichter en filosoof*, 1990, 215 p.

ISBN 90-6831-221-9
D. 1990/0602/52

INHOUDSTAFEL

HERMANN HESSE

Inleidend Woord bij de Duitse vertaling door Annemarie Schimmel van Muhammad Iqbals *Buch der Ewigkeit* (1957).

Sir Muhammad Iqbal behoort toe aan drie geestelijke werelden, drie geestelijke werelden vormen de bron van zijn uitgebreid oeuvre: de wereld van India, de wereld van de islam en de wereld van het westers denken. Als moslim geboren in Indië en opgevoed in de Koran, in de Vedanta en de Perzisch-Arabische mystiek, sterk aangegrepen door de westerse filosofie en vertrouwd met Bergson en Nietzsche, voert Iqbal ons in opstijgende spiralen door de regionen van zijn kosmos.

Door Rumi ingeleid bleef hij geen mysticus, hij werd geen volgeling van Hegel of van Bergson, en toch werd hij een spekulatieve filosoof. Zijn krachtbron moeten we elders zoeken, in het religieuze, in het geloof. Iqbal is een vroom man, iemand die zich aan God had toegewijd, zonder kinderachtig geloof. Hij is volwassen, gloeiend en strijdend. Zijn strijd is niet enkel een gevecht voor God, maar ook een gevecht voor de wereld. Zijn geloof wil voortdurend universeel zijn. Zijn droom is de vereniging van de mensheid in de naam van en onderwerping aan Allāh.

Intellectuele reizigers naar het Oosten zullen niet alleen worden aangetrokken door de alomvattende vorming en genuanceerde, speculatieve drang van Iqbals machtige geest, maar ook door zijn dichterlijke liefdesdrang en uitdrukkingsvermogen. Ze zullen hem vereren omwille van de warme gloed van zijn hart en zijn beeldrijke taal, en zijn werk liefhebben als een Divan tussen Oost en West.

VOORWOORD VAN DE VERTALER

Dit is de eerste omvattende studie over de Indische moslim Iqbal (1877-1938) in het Nederlands. Het zal niet alleen de studenten van de geschiedenis van het Indiase subcontinent of van de islam, maar ook de godsdienstfilosofen boeien. Annemarie Schimmel heeft haar studie gebaseerd op de oorspronkelijke bronnen in het Urdu en Perzisch en heeft zich meer dan 40 jaar met Iqbal beziggehouden.

Elk boek over Iqbal is een delicate onderneming. In Pakistan wordt hij vereerd als de ideologische vader van het land. In Allahabad verwoordde hij, op 30 dec. 1930, als eerste de idee dat de moslims niet alleen voor onafhankelijkheid van de Britten maar ook voor een eigen staat moesten ijveren. Hij gaf daardoor uiting aan de gevoelens van de moslims die eeuwenlang het Indiase subcontinent hadden gedomineerd en sinds de komst van de Britten in een minderheidspositie waren geraakt. Zijn gedichten werden als strijdliederen gezongen en hebben de geschiedenis van het subcontinent veranderd. Hierin ligt ook de zwakte van Iqbal. Zijn boodschap is gedeeltelijk voorbijgestreefd omdat het een antwoord gaf op een tijdsgebonden probleem: de Indische moslims kunnen hun zelfvertrouwen slechts terugwinnen in een eigen staat.

Waarom dan toch deze vertaling binnen de Inforiënt Reeks?

Iqbal heeft een lange weg afgelegd om tot deze politieke oproep te komen. Het was de weg van een zeer gelovig man, in een moslim traditie. Bijzonder relevant voor de hedendaagse situatie in heel wat niet-moslim landen is de logica die een gelovige moslim consequent doortrekt: men kan pas echt moslim zijn in een staat waar de moslim wet regeert. De politieke gevolgen van een dergelijke visie zijn uiteraard zeer verreikend en leiden in de regel tot een dovemansgesprek met niet-moslims. Dit is de sectaire kant van de medaille. Maar Iqbal heeft ook een universele boodschap, de boodschap van een diep gelovige, voor wie God boven alles staat. En met deze inspiratie kan dit boek voor velen nuttig zijn.

De soms dichterlijke vertaling van Annemarie Schimmel uit het Urdu en het Perzisch kan door mij in het Nederlands niet worden geëvenaard. Ik had geen toegang tot de Urdu bronnen en het Perzisch ken ik niet. De lezer zal dus met een prozaïsche vertaling vrede moeten nemen.

De uitspraak in het Arabisch is uiteraard een moeilijke aangelegenheid en ik heb de diakritische tekens tot een minimum beperkt. Vooral de lange klinkers werden aangeduid, om de juiste uitspraak te bevorderen. Voor een meer gedetailleerde transcriptie verwijs ik naar de Duitse tekst (Gelbe Reihe, München, 1989). De medeklinker *j* in vele Urdu of Perzische woorden, zoals bv. in Jāvīdnāmā, wordt uitgesproken als *dj* zoals in het Engelse 'John'. De klinker *u* zoals bv. in Rumi, Nehru, Sura, Timur en Urdu wordt uitgesproken als *oe* zoals in 'koe'.

Ik dank Prof. W. Skalmowski voor de spellingscontrole van de Perzische woorden, en Tohid Ahmad, zonder wiens aanmoediging ik dit werk niet zou hebben aangevat. Ludo Meyvis en Patricia Konings hebben met vriendelijke zorg het handschrift nagelezen.

INLEIDING

In de jaren zestig kwam een Pakistaanse hockeyploeg naar Frankfurt en hun eerste bezoek was aan het Goethe-Haus. Zij kenden Goethe, die toch een sterke inspiratiebron was geweest voor hun geroemde, nationale dichter Iqbal.

Zou een Duitse voetbalploeg in Lahore zelf het initiatief nemen om eerst het graf van Iqbal te gaan bezoeken? Deze dichter-filosoof, wiens werk zo grondig door Goethe en de Duitse denkers is beïnvloed, is in Duitsland enkel bekend bij oriëntalisten en bij mensen die iets met Pakistan te maken hebben. En toch, sinds meer dan 20 jaar is er in Heidelberg een Iqbal-Ufer en is er in München een gedenksteen voor Iqbal. Wellicht heeft deze geringe bekendheid te maken met het feit dat Pakistan zelf, dat zijn ontstaan te danken heeft aan de visie van Iqbal, nauwelijks bij de Duitsers bekend is. Of, is een dichter en denker die nauw aan de islam is toegewijd te vreemd voor ons westers denken? Heeft hij misschien gevaarlijke ideeën en zijn wij daardoor niet in staat meer interesse voor hem te betonen? Over deze man -Allama, 'de hooggeleerde' Iqbal- schreef Tagore: "De dood van Iqbal brengt een leemte in de literatuur teweeg die, als een dodelijke wonde, pas na lange tijd zal kunnen helen".

Mijn persoonlijke interesse in Iqbal gaat terug tot mijn vroege studentenjaren. Ik herinner me nog altijd de dag toen ik voor het eerst zijn naam las. Dat was in Berlijn, tijdens de eerste jaren van de oorlog, toen ik in *Islamica* het artikel van de Britse oriëntalist R.A. Nicholson ontdekte. Daarin stelde hij aan de Europese lezers Iqbals *Payām-i mashriq,* of de *Boodschap uit het Oosten* voor. Nicholson had vroeger reeds Iqbals fel besproken Perzische dichtbundel *Asrār-i khudī,* of 'Geheimen van het zelf', vertaald en van commentaar voorzien. Nu stelde hij een werk voor dat het eerste en tot op heden enige dichterlijke antwoord van een moslim is op Goethes *West-Östlichen Divan.* Tot mijn grote verbazing zag ik er een band in tussen Goethe en Maulānā Jalāluddīn Rumi, die ik toen reeds met voorliefde las.

Ik was begeesterd door het artikel van Nicholson en vooral door het gedicht zelf van Iqbal, die de vriendschappelijke ontmoeting in de hemel schildert tussen zijn eigen westerse en oosterse leidsmannen, Goethe en Rumi. Ik droomde ervan ooit meer van deze Indische moslim dichter te mogen horen en hem te kunnen bestuderen. Toen ik in de lente van 1947 mijn eerste reeks voordrachten over de *Orient in der deutschen Literatur* gaf aan de Universiteit van Marburg, besloot ik dan ook mijn lezingen met een ver-wijzing naar dit oosterse antwoord op de westerse *Divan* [van Goethe]. Een half jaar later verscheen Pakistan als onafhankelijke staat op de wereldkaart en men verzocht me artikels te sturen voor het mooie tijdschrift *Pakistan Quarterly*. Als honorarium vroeg ik hen om boeken over Iqbal.

Een volgende stap om mijn kennis over Iqbal te verdiepen was mijn ont-moeting met Hanns Meinke en door hem met de filosoof Rudolf Pannwitz, die mijn eerste artikels over Iqbal had gelezen en een grote bewonderaar van de dichter en filosoof was geworden. Meinke zelf, stammend uit de literaire kring rond Otto zur Linde, had in 1930 *'Driemaal drie gedichten'* van Iqbal in het Duits herdicht, op basis van een Engelse versie. Zoals met al zijn zwierige herdichtingen had hij ook deze gedichten in mooie kalligrafie op prachtig papier geschreven en naar Iqbal gestuurd in Lahore. Daar zijn ze nog altijd in het Iqbal-Museum te bezichtigen. Als dankbetuiging had hij twee werken van Iqbal gekregen, de *Boodschap uit het Oosten* en het *Jāvīdnāma* of *Boek der eeuwigheid*. Deze werken gaf Meinke aan mij, de jonge vriendin die Perzisch kende.

Ik kon niet ontsnappen aan de betovering van het *Boek der eeuwigheid* en in 1957 verscheen in München, mijn Duitse, dichterlijke vertaling. Ik gaf toen les in Ankara en sprak er zoveel over dit boeiend en diep boek dat men mij vroeg er ook een Turkse vertaling van te maken. Ik deed het, in proza, met een uitvoerige commentaar, en publiceerde het werk in Ankara in 1958. In dat jaar werd ik ook voor de eerste keer naar Pakistan uitgenodigd om er lezingen te geven over Iqbal. Ik ontmoette er zijn zoon Javid, zijn dochter Munira, zijn reisgezellin Atiya Begum en zijn talloze vrienden. Zo is, sinds de lente van 1958, Pakistan een tweede vaderland voor mij geworden. Nu zijn 30 jaren voorbijgegaan en ik heb ervaren hoe levendig Iqbal is en hoe men hem op verschillende manieren kan interpreteren, al naargelang de reli-gieuze of politieke vooringenomenheid. Daarna kwamen de Iqbal-dagen in Karachi en Lahore, in Peshawar en Faizalabad... ("Nu zal Dr. Schimmel spreken over Iqbal en economie"..., werd zelfs eens aangekondigd), in Sialkot en Quetta, maar ook in Delhi en Hyderabad (Deccan), Lucknow en Dhaka. Verder ook in Europese steden, in de VS en in Canada. Ik werd, zoals een vriend in Panjab eens lachend opmerkte, de *'Iqbāl dī malaṅgnī'* of Zwerver voor Iqbal[1].

---

(1) Een *malaṅg* is letterlijk een 'rondtrekkende, moslim asceet' (vertaler).

Ik ben op Iqbal blijven werken, heb over hem boeken en artikels geschreven in verscheidene talen, en ik ben door hem gefascineerd gebleven. Bij elke lectuur van zijn werk ontdekt men telkens opnieuw nieuwe elementen, ziet men hem in het licht van nieuwe ontdekkingen. Zijn boodschap over de ontwikkeling van het individu, ook na de dood van het lichaam, zijn oproep tot handelen zonder rust, zijn nadruk op het alomvattende eenheidsprincipe van de islam: dit alles lijkt mij niet alleen voor moslims van groot belang te zijn. De dynamische interpretatie van de islam en van het persoonlijke karakter van het Goddelijke, in tegenstelling tot de mystiek die vrij sterk door het Hellenisme was beïnvloed, heeft hem veel vijanden bezorgd. Immers, het leek alsof hij in tegenspraak was met het eerder statische wereldbeeld dat verspreid was in de post-middeleeuwse islam. Opzettelijk heeft Iqbal zijn ideeën scherp uitgedrukt, om de lezers aan te zetten tot het dóórdenken van problemen. Er zijn ook tegenstrijdige uitspraken in zijn gedachten, maar men mag Iqbal niet als een pure filosoof benaderen, die alles in een geordend systeem wil onderbrengen. Hij was eerder een "profetisch" en dichterlijk denker, die begaan was met één centraal thema: de versteviging van het individu binnen de islam en binnen de algemeen menselijke leefgemeenschap. Deze versteviging kan echter alleen gerealiseerd worden door een voortdurend contact met het goddelijke. Om dit doel te bereiken heeft hij de meest verscheidene denksystemen in Oost en West onderzocht en er een levendig geheel uit geschapen. Dat heeft hij beschreven, in proza en in versvorm, in het Engels, het Perzisch en het Urdu. Uit deze religieuze overtuiging ontsproot de leidraad voor zijn politiek handelen, alhoewel vele commentatoren de voorrang geven aan de politieke motivatie. Ik ben ervan overtuigd dat men zijn unieke plaats in het hedendaags moslim denken het best recht aan doet, als men de relatie God-mens in het centrum plaatst. Op die manier kan de spanning worden opgelost tussen de dichterlijke boodschap en de 'profetische', zelfs politieke inhoud. Als menig lezer zich zou storen aan de immer terugkerende thematiek, zelfs met andere beelden, dan verwijs ik naar Iqbals opmerking in *Stray Reflections,* de nota's in 1910 geschreven:

Als je in het lawaai van deze wereld wilt gehoord worden, moet je je door één idee laten beheersen. Het is de man met één idee die politieke en sociale omwentelingen teweeg brengt, koninkrijken opricht en aan de wereld wetten oplegt.

LEVEN EN WERK

Sialkot ligt aan de voeten van de Himālayas in het noorden van Panjab, langs de weg die vanuit het dal van Kashmir naar de vlakte van het Vijfstromenland loopt. Sinds eeuwen zijn mensen uit Kashmir zich daar komen vestigen. Sommigen trokken verder zuidwaarts naar de hoofdstad Lahore. Ook Iqbals grootvader was een immigrant en zijn voorouders moeten brahmanen zijn geweest. Dat blijkt uit de titel 'Sheikh Muhammad Iqbal' die men aantreft in de vroege werken van de dichter-filosoof. Deze titel wijst erop dat hij van een bekeerde Indische familie afstamde en niet van een familie die geïmmigreerd was uit de centrale gebieden van de islam. Iqbal zelf heeft zich in sommige gedichten zelf als 'Brahmanenspruit, vertrouwd met Rumi en Tabrīz' aangemeld. Hij zong:

> Uit de paradijselijke roos Kashmir komt mijn lichaam,
> Mijn hart uit Mekka en mijn lied uit liefelijk Shirās. *(PM)*

In zijn vroegste werken geeft Iqbal verschillende data voor zijn verjaardag. Volgens de meest betrouwbare aanwijzingen zou hij geboren zijn op 9 november 1877, dit is ongeveer één jaar na M.A. Jinnah, de architect van Pakistan, en enkele dagen na de Aga Khan III. Deze drie mannen samen zouden het Indiase subcontinent een nieuw gezicht geven.

Iqbal kwam uit een eenvoudige familie. Hij werd gevormd door de diepe vroomheid van zijn ouders. *Elegie voor zijn moeder* (1914) toont aan hoezeer hij zich aan haar verplicht voelde. Als knaap liep hij school bij de Schotse missionarissen in zijn geboortestad en trok daarna naar Lahore.

Sinds 1026 behoorde Lahore bij het moslim rijk dat zich vanuit Afghanistan meer en meer oostwaarts uitbreidde. Hier vestigde zich de grote mysticus Hujvīrī, tot aan zijn dood omstreeks 1071. De inwoners van Lahore noemden hem Dātā Ganj Bakhsh. Aan hem danken we het eerste boek in het Perzisch over Soefisme. Iqbal prijst hem als hij,

> die het zaad van het buigend bidden [*Gebetsniederwerfung*] in het stof van Panjab zaaide,
> De behoeder van de eer van *Umm al-kitāb* (de hemelse Koran). *(AK)*

In Lahore, in de 12de eeuw, zongen de eerste dichters van het Indiase subcontinent in het Perzisch: Abū 'l-Faraj Rūnī en Masᶜud ibn Saᶜd-i Salmān, die beroemd is omwille van zijn gezangen geschreven in de gevangenis, vol heimwee naar zijn geboortestad met haar tuinen en kleurrijke kledij. Rond de jaren 1300 werd de hoofdstad van moslim India verplaatst naar Delhi, maar Lahore bleef een belangrijk cultureel centrum. Ook bleef het voortdurend bedreigd. Het was de eerste stad in de vruchtbare, rivierrijke Panjab en steeds opnieuw werd het aangevallen en geplunderd door de oostwaarts trekkende legers: de Ghurieden of Mongolen, en de legers van Timur rond 1500. Misschien kunnen we in deze geschiedkundige rol van Lahore een oorsprong vinden voor Iqbals voorstelling van de moslim droomstaat, die (zoals zo dikwijls in de geschiedenis) als bufferstaat diende om de meer oostelijk gelegen Indiase gebieden te beschermen tegen verwoesting. Rond de tijd van de Grootmoguls kreeg de stad een nieuwe betekenis: keizer Akbar verbleef er meer dan een decennium (1584-1596). In deze hoofdstad, door de keizer uitgebreid en tot aantrekkingspunt gemaakt voor vele dichters en schilders, geleerden en theologen, ontstonden de zeer kostbare handschriften met Perzische literatuur. Vooral zijn zoon Jahāngīr (regeerde van 1605 tot 1627) was op Lahore verliefd. Hij liet het Fort uitbreiden en sierlijk ombouwen. Zijn graf is gesitueerd bij de rivier Ravi, die de grote levensader van de stad vormt en verbinding biedt met de Arabische zee. Jahāngīrs zoon, Shāh Jahān bezocht de stad enkel en liet verfraaiingen uitvoeren. Hij legde de wondermooie Shalimar tuinen aan en zijn architect, ᶜAlī Mardan Khan, liet het reuzekanaal graven dat vanuit de noordelijke Panjab water tot in het centrum van de stad bracht. Naast de talrijke godvrezenden leefde er toen ook een grote heilige in Lahore: Miān Mīr, een man van liefde en inwendigheid, die de twee oudste kinderen van keizer Shāh Jahān, prinses Jahānārā en prins Dārā Shikoh, inwijdde in de moslim mystiek:

Hij was de fluit van de muziek van de liefde,
Zijn graf beschermt onze stad tegen alle onheil.

Dat schreef Iqbal in 1915 *(AK)*. Ook de eerste, gekende mysticus die in het kloeke Panjabi zong, Madho Lal Husain (overleed 1593), is begraven in Lahore. Tenslotte vermelden we de reusachtige moskee door Dārā Shikohs broer, keizer Aurangzeb (regeerde van 1658-1707) gebouwd juist tegenover het Fort. Beide gebouwen symboliseren het moslim ideaal van eenheid van *dīn u daula,* godsdienst en staat. Aan de trappen van deze moskee werd Iqbal in 1938 bijgezet, toen hij in zijn vaderland als profetisch dichter en politiek filosoof grote roem had bereikt.

Iqbal als 'Master' in 1899.

Toen deze jongeman in 1895 van Sialkot naar Lahore trok kon noch hij noch iemand in zijn omgeving vermoed hebben dat zijn leven zo zou verlopen. De Britten hadden van Lahore opnieuw een belangrijk cultureel centrum gemaakt. Ze versloegen de Sikhs die er heersten sinds ongeveer 1750 en brachten Panjab, zoals eerder de streek van Sind, onder Engelse heerschappij. De stad kreeg een gerechtshof en een museum. Daarvóór staat nog altijd het groot kanon dat Kipling zo meesterlijk beschreven heeft in *Kim*. Kiplings vader was als leraar kunst werkzaam in de pas opgerichte Akademie van Lahore en de jonge Kipling werd door de stad betoverd. De Universiteit van Panjab werd opgericht, samen met zijn geaffilieerde Colleges. In het belangrijke Aitchinson College moesten de zonen van de grootgrondbezitters en van de belangrijke families een moderne opleiding krijgen. De Britten sponsorden literaire discussies en ze moedigden vertalingen uit het Urdu, de *lingua franca* van het subcontinent, naar het Engels aan. Vooruitstrevende moslims startten kranten en tijdschriften, om hun landgenoten politiek en literair op te voeden. In de *Makhzan,* door (Sir) ᶜAbdul Qādir opgericht, publiceerde Iqbal vanaf 1901 zijn gedichten. Zoals bij andere Urdu dichters uit die periode zijn ook deze gedichten doordrongen van Angelsaksische voorbeelden (Tennyson, Longfellow, Emerson). Opvallend ook zijn de kleurrijke natuurbeschrijvingen. Beelden uit de natuur zullen ook in Iqbals latere gedichten bijzonder mooi zijn.

Het was een zeer gelukkig toeval dat de jonge geleerde in Lahore Sir Thomas Arnold als leraar aantrof. Hij had gedoceerd in het Anglo-Muslim College, in 1875 in Aligarh opgericht, vóór hij naar Lahore kwam in 1898. Arnold had een uitgebreide eruditie. Aan hem danken we een belangrijke studie, *The Preaching of Islam,* over de uitbreiding van de islam. Daarin toont hij aan dat de islam niet verspreid werd door vuur en zwaard. Het waren de Soefi's en hun manier van leven, volgens de eenvoudige maar diepe waarden van een inwendige islam, die sterk hebben bijgedragen tot de verspreiding van de islam, vooral in het Indiase subcontinent.

In 1897 behaalde Iqbal de graad van M.A. in de filosofie, en in 1901 schreef hij een boek dat niets te maken blijkt te hebben met zijn latere filosofie en dichtwerk: *Ilm al-iqtiṣād* of 'Wetenschap van de Economie'. Hij studeerde aan het Government College in Lahore, reisde in 1903 naar Baluchistan waar een broer legerofficier was, en werd beroemd door zijn gedichten. In 1904 verliet Arnold de stad Lahore en Iqbal schreef voor hem een vurig afscheidsgedicht. Arnold zorgde ervoor dat de jonge geleerde in 1905 een studiebeurs kreeg voor Cambridge. Op weg naar de boot in Bombay reisde Iqbal over Delhi en bezocht er het mausoleum van de grote Soefi heilige, Nizāmuddīn Auliyā. In die buurt zijn ook de belangrijkste dichters van India begraven: Amir Khusrau (overleden in 1325) en de meest geliefde Urdu dichter Mirzā Ghālib (overleden in 1869). Diens graf was toen erg verwaarloosd en dit inspireerde Iqbal tot een vergelijking met Goethe die in de Rozentuin van Weimar rust, terwijl de grootste dichter van Delhi in het stof ligt.

In Cambridge studeerde Iqbal rechten en filosofie. Hij werd er sterk beïnvloed door de neo-Hegeliaan McTaggart. Zoals de meeste moslim intellectuelen toen, leunde ook Iqbal aan bij de Al-eenheid theosofie van Ibn Arabi (overleden in 1240), wiens systeem nogal eens wordt vergeleken met dat van Hegel. Na zijn studies trok de jonge geleerde naar Duitsland. Zijn enthousiaste liefde voor Duitsland en de Duitse filosofie werd beschreven door zijn hartsvriendin Atiya Begum, die hij in Londen had leren kennen. Zij kwam uit een zeer vooruitstrevende Bohora familie (Sji'ieten) in Bombay, die als eersten hun vrouwen toelieten om ongesluierd aan het sociale leven deel te nemen. Atiya was wellicht één van de eerste moslim vrouwen die -alleen- India verliet om in Europa rond te reizen. Ze vergezelde Iqbal op enkele van zijn reizen. Ik ontmoette haar voor het eerst in 1958 in Karachi en zelfs op hoge leeftijd straalde ze temperament en hartstocht uit. In juni 1907 verbleef Iqbal voor een korte periode in Heidelberg, om Duits te leren. Emma Wengenast gaf hem les en dit heeft bij beiden een diepe indruk nagelaten: in 1932 nog schreef Iqbal haar dat hij hoopte haar te zien tijdens zijn rondreis in Europa. De betovering van Heidelberg inspireerde hem voor één van zijn meest lyrische gedichten, *Ek Shyām* of 'Een Avond', dat duidelijk de invloed vertoont van Goethes *Wanderers Nachtlied*.

Stille ist des Mondlichts Traum,
Still ein jeder Zweig am Baum,
Stumm des Tales Sänger nun,
Stumm die grünen Hügel ruhn,
Die Natur, ganz unbewußt,
Schlummert an des Abends Brust.
Schweigens Zauber wandelt nun
Neckars Rauschen selbst in Ruhn.

Zieht der stumme Zug der Sterne
Ohne Glockenklang zur Ferne,
Berg und Strom und Feld in Stille,
In sich ruht der ew'ge Wille.
O mein Herz, sei still - auch du...
Laß den Gram -schlaf nun in Ruh. *(BD)*

Van Heidelberg trok Iqbal naar München, waar hij een promotor vond voor zijn doctoraat, de Jood Friedrich Hommel, opvolger van de befaamde Ernst Trumpp. Deze Duitse missionaris in India had in de 19de eeuw de Pakistaanse talen Sindhi en Pashto in wetenschappelijke grammatica's beschreven. Ook had hij het grootse Sindhi gedicht, het *Risālau* van de mysticus Shah ʿAbdul Latīf in Leipzig laten drukken. Verder heeft Trumpp het omvangrijke Heilig Boek van de Sikhs in het Engels vertaald en daarnaast nog studies gepubliceerd over Baluchi, Brahui en natuurlijk ook de Semitische talen. Hommel van zijn kant was enkel Semitist en hij beriep zich op de goedkeuring van Sir Arnold toen Iqbal hem zijn doctoraatsthema voorstelde, *Die Entwicklung der Metaphysik in Persien.* Volgens zijn eigen getuigenis begreep hij er niet veel van, want het lag buiten zijn eigen onderzoeksgebied. Hij ondervroeg Iqbal enkel mondeling over zijn kennis van het Arabisch (4 nov. 1907). In zijn doctoraat doorliep Iqbal onversaagd de ganse godsdienstgeschiedenis van Iran, van Zarathoestra tot aan de Bahai's, en poogde er vaste lijnen in te schetsen. E.G. Browne noemde deze studie een pionierswerk, het eerste in zijn soort. Diepere studies hierover kwamen pas decennia later met het werk van Henry Corbin en Alessandro Bausani. De wijzigingen in zijn eigen filosofisch denken volgend, heeft Iqbal later van zijn eigen werk afstand genomen. Aanvankelijk had Iqbal de theosofische mystiek van Ibn ʿArabī geroemd en de "hoogstaande Rumi" als één van "de grote profeten" van het neo-platonisme en het Al-eenheids bewustzijn vereerd. Deze houding veranderde volledig in latere jaren en Iqbal keerde zich af van Ibn Arabī en benadrukte de rol van Rumi als de gids naar de dynamische liefde.

Samen met Atiya Begum ging Iqbal vanuit München naar Oberammergau en reisde dan terug naar Londen. Daar verdiepte hij zich voor enige tijd in het Arabisch en vertrok dan naar Lahore waar hij, zoals blijkt uit een brief aan Emma Wengenast, met eer werd ontvangen: zijn gedichten werden er met geestdrift voorgedragen. Hij doceerde nog even in het Government College en werkte tot 1934 als advocaat, "om den brode", verzuchtte hij in een brief van 1914, met de troost (brief van 1919) dat ook Goethe en Uhland als advocaten hadden gewerkt. Maar zijn Europese ervaring bleef hem achtervolgen. De ontdekking van de geniale Goethe zou in al zijn latere werken diepe sporen nalaten. In zijn dagboek *Stray Reflections* (1910) dat een keerpunt in zijn leven werd, lezen we als tweede zin:

Onze ziel ontdekt zichzelf wanneer wij een grote geest ontmoeten. Pas toen ik de oneindigheid van Goethes verbeelding had ontdekt, besefte ik de kleinheid van mijn verbeelding.

Hij vergeleek *Faust*, "een haast goddelijke creatie", "een waar document van de Duitse ziel" met de "Boeken van de Visser uit Galilea". We lezen het nog eens in zijn laatste brief aan Emma Wengenast (17 jan. 1932): "Het vaderland van Goethe heeft een eeuwigdurende plaats gevonden in mijn ziel".

Voor hem was *Faust* de "gepersonaliseerde mensheid" en hij begon Faust nu te zoeken in zijn eigen traditie. Als filosoof verliet hij Hegel en ging aanleunen bij de Vitalisten en bij Nietzsche. Het Vitalisme scheen hem goed te verzoenen met de ware islam, beter dan de mystieke eenheidsvisie van het gehelleniseerde Soefisme. Deze visie had eeuwenlang een stempel gedrukt op de literatuur, vooral in de landen binnen de Perzische invloedssfeer. Zelfs nadat Iqbal zich terdege bewust was geworden van de grenzen van Nietzsches denksysteem zien we toch nog de schaduw ervan in zijn werken. Heel wat auteurs, vooral aan Pakistaanse zijde, zijn in hun pen geklommen om de gelijkenis -of het verschil- tussen Nietzsches *Übermensch* en Iqbals ideaal van *mard-i momin*, de 'gelovige' aan te tonen. In elk geval mag men gerust stellen dat het voor Iqbal duidelijk was dat het de specifieke "opdracht was van het Duitse volk de menselijke kennis te organiseren".

Iqbal had niet alleen interesse voor dichters en denkers in het Westen. Ook de politieke en sociale situatie had een diepe indruk nagelaten, of hem soms ook geschokt. De Suffragetten in Engeland en de feministische beweging sloegen de traditionele moslim met ontzetting. Zijn opmerking over de vrouw schokt ons vandaag nog, maar helpt ons om het type van Europese vrouw in zijn werk beschreven, te begrijpen:

De felste kritiek tegen de monogamie is wellicht het overtollige aantal vrouwen in veel Europese steden. Daar werken sociale en politieke krachten die er veel vrouwen toe brengen dat ze zich geen echtgenoot kunnen verwerven. Ze zijn niet in staat moeder te worden en worden er dus toe gedreven om andere interessevelden te zoeken naast het opvoeden van kinderen. Ze worden verplicht om 'bevrucht te worden' met ideeën en niet met kinderen. Zeer recent werden ze bevrucht met de geïnspireerde gedachte van 'stemrecht voor vrouwen'... De beweging voor stemrecht voor vrouwen is in feite meer een noodkreet naar een echtgenoot dan naar stemrecht. Voor mij is het niets anders dan een opstand van werklozen.

Voor hem was de religieuze opvoeding van vrouwen passend en voldoende. En toch heeft hij enkele grootse vrouwen uit de geschiedenis van de islam, zelfs van de hedendaagse geschiedenis volmondig geprezen. Maar zijn ideaal bleef altijd Fātima, dochter van de Profeet en moeder van de *imāms* Hasan en Husain die als martelaren waren gestorven.

Na 1910 groeiden Iqbals kritiek op de Britten en zijn zorg voor de moslims in India. In 1905 splitste Lord Curzon op communautaire basis Bengalen in twee delen, één met een meerderheid van hindoes en één met een meerderheid van moslims (het huidige Bangla Desh). In 1911 werd die splitsing weer afgeschaft. De teleurstelling bij de moslims was groot en de spanningen tussen de twee groepen groeiden gestadig. Eeuwenlang waren de moslims heersers geweest in een land met een meerderheid van hindoes. Nu nam de macht van Britten voortdurend toe. In 1757, met hun overwinning in de slag van Plassey in Bengalen, hadden ze zich aanvankelijk een vast territorium en vaste belastingen toegeëigend. Langzaam aan breidde hun macht zich uit over het gehele subcontinent, met uitzondering van de rijken en rijkjes van de *mahārājās*. De moslims kregen financiële problemen, want vele 'Vrome Genootschappen' werden afgeschaft. Die hadden gezorgd voor de organisatie van moslim onderwijsinstellingen. Het onderwijs werd meer en meer niet-moslim en de moslims kregen het pijnlijke gevoelen in een minderheidspositie te belanden, met minder beslissingsmacht. Dit alles leidde tot grote frustratie bij de moslim elite. Hun situatie werd bijzonder pijnlijk na de militaire opstand in 1857 [tegen de Britten]: de schuld werd vooral aan de moslims gegeven en de vergrijsde Mogul keizer Bahadur Shah Zafar werd naar Rangoon in Birma verbannen. De hindoes waren in de meerderheid en, in tegenstelling tot veel moslims, stuurden ze hun kinderen naar westers onderwijs. Spoedig kregen zij de meeste administratieve baantjes die voor 'inboorlingen' gereserveerd waren. Sayyid Ahmad, meer bekend als Sir Sayyid, zag de oprichting van het Anglo-Muslim College in Aligarh (1875) als een mogelijkheid om ook aan moslims een westerse opleiding te geven. Immers, voor hem was de Britse aanwezigheid, voorlopig althans, een beveiligende kracht. Sir Sayyid verzette zich ook tegen de deelname van moslims aan de activiteiten van de *Congress Party,* in 1885 opgericht. Hij voorzag dat in een democratisch bestel de moslim minderheid steeds door de hindoe meerderheid zou worden weggestemd. Verder verwierp hij het voorstel om het Hindustani, d.i. de Algemeen Beschaafde taal van Noord-India, gesitueerd tussen het Urdu en het Hindi, te laten schrijven in de letters van het

Sanskriet alfabet *(devnāgarī)*. Urdu kon volgens hem alleen in het Arabische alfabet worden geschreven. Dit *urdū* of 'taal van het leger' heeft dezelfde oorsprong als het Hindi maar had door eeuwenlange evolutie zoveel Perzisch-Arabische woorden opgenomen en zich zo verfijnd dat alleen het Arabische schrift deze verfijning, en het 'moslim' karakter ervan kon voorstellen. In dit krachtige Urdu schreef Sir Sayyids medewerker Hālī in 1879 -twee jaren na de geboorte van Iqbal- zijn lang gedicht, getiteld 'Ebbe en Vloed van de Islam', eerder bekend als *Musaddas* of 'Gedicht in zeslijnige strofen'. Dit gedicht beschrijft het roemrijke verleden van de moslims en vergelijkt het met het trieste heden. Het bood de moslims stof tot bezinning. In de jaren daarop volgend ontstond een 'moderne' literatuur, die thema's zocht in het verleden.

In die traditie van Hali's *Musaddas* en vanuit een groeiende bezorgdheid voor de mede-moslims publiceerde Iqbal in 1912 zijn eigen groot gedicht *Shikwāh*, of 'De klacht'. De Balkanoorlog had een moment van bevrijding kunnen bieden. De Turken leden felle nederlagen en de Indische moslims probeerden hun geloofsbroeders met medische hulp bij te staan. Een groot aantal moslim dynastieën in Noord- en Zuid-India waren van Turkse afkomst. Sinds 1517 was de Osmaanse Sultān ook de *kalīf* en er bestond altijd een sterke band tussen de Indische moslims en de Turken. Tot in de 19de eeuw werd aan het Mogulhof Turks gesproken!

Iqbal volgde Hālī ook in de keuze van de versvorm: reeds geruime tijd was de *musaddas*, vooral bij de sji'ietische moslim bevolking van India, de gebruikte versvorm voor lofzangen over de martelarendood van Husain, de nakomeling van de Profeet, in de slag van Kerbela (680). De grote dichters Anīs en Dabīr, aan het hof van Lucknow, hadden in talloze verzen elk detail van de hartverscheurende passie van Husain en de zijnen beschreven. Het publiek verwachtte van gedichten in dergelijke versvorm een religieuze, stichtende boodschap, en om deze reden hadden Hālī en na hem Iqbal deze vorm gekozen. De *Shikwāh* is een klacht van de getergde moslims tot de Heer die hun alle lijden en de ongelovigen alle roem gaf:

Oh God, aanhoor toch het roepen van de trouwsten, de besten!
Verwend met lofgezang, luister toch eens naar het protest!

Er zijn nog andere volkeren, ook zondaars hier en daar,
Daar zijn zwakken, die toch bedwelmd zijn door het woord,
Mensen die hun plicht vergeten, maar het toch ernstig menen -
Miljoenen versmaden U en de schat van Uw Naam,
Maar al die vreemden worden beloond met Uw erbarmen,
Terwijl de bliksem van Uw toorn de moslims treft, de armen!

In deze toonaard konden we vroeger ook de Turkse dichter Ziyā Pascha horen, in zijn klacht dat de vreemdelingen Hoeri's en het paradijs reeds op
aarde bezitten, terwijl de arme moslims pas later in de hemel daarvan kunnen genieten. Veel later zou Iqbal zelfs durven beweren dat elk Europees
dorp op het paradijs geleek *(BJ)*. Iqbals gedicht liet een diepe indruk op
lezers en toehoorders na. Hijzelf ervaarde dat er iets ontbrak en daarom
schreef hij het 'Antwoord op de klacht', *Jawāb-i shikwāh,* dat begint met een
protest vanuit de hemel, vanwege de engelen en de sterren tegen de boosheid
van de dichter:

De engelen riepen, onthutst: "Welke toon is dat?
...
De aardbewoners zijn elke beleefdheid vergeten -
Hoe kan die primitief zich zo brutaal opstellen?"

Dan laat God zich horen om de moderne moslim te wijzen op zijn luiheid,
zwakte en onbekwaamheid:

Jawel, het morgengebed is te lastig voor U!
Jullie blijven liever slapen, en staan voor Mij niet op!
Verwend zijn jullie, het vasten valt U te zwaar -
Zeg maar: is dat "het geloof vertegenwoordigen"?

Wat kunnen zij anders verdienen behalve straf en voortdurende nederlagen?
Hier reeds, in deze verzen, merken we welke richting Iqbals denken zal
uitgaan: de Indische moslims, in feite alle moslims van de wereld moeten
wakker worden geschud. Hij wilde zelf, zoals hij het ergens dichterlijk beschreef, "de bel zijn aan de kameel van de Profeet", die de verdwaalde zielen
eindelijk naar het centrale heiligdom van de islam, Mekka, moest leiden. Hij
schreef later:

De massa die in de woestijn rondzwierf
deed mijn karavaanbel rinkelen *(PM)*,

Zijn eerste bundel Urdu gedichten is getiteld *Bāng-i darā,* of 'Rinkelen van de karavaanbel' en wijst op de rol die hij heel zijn leven spelen wilde. In de gedichten van die periode merken we reeds hoe hij overgaat van een dromerig-romantische instelling naar een actief-vitalistische levensvisie. Een treffend voorbeeld daarvan zien we in een gedicht dat hij in 1910 in Hyderabad (Deccan) schreef, *Gūristān-i shāhī,* of 'Het Kerkhof der Koningen'. Aan de voet van het imponerende fort in Golconda bevinden zich de indrukwekkende koningsgraven, gebouwd rond de jaren 1600. Iedere bezoeker wordt er door betoverd, maar toen Iqbal ze bezocht, lagen ze onopgemerkt in de wildernis. Zijn gedicht over die graven herinnert aan Grays *Elegy on a Country Graveyard* en is niet alleen een meditatie over de vergankelijkheid van de mens. Het verwijst reeds naar het eeuwig opstijgen van het leven. Dit opstijgen, zo beklemtoonde Iqbal altijd, is het doel van al wat leeft.

Alle bewonderaars van de succesrijke Urdu-dichter werden in 1915 ten zeerste verrast toen Iqbal een dichtbundel in het Perzisch publiceerde, met de uitdagende titel, *Asrār-i khudī* of 'Geheimen van het zelf'. Het werk bracht haast een oproer teweeg onder de intellectuele moslims: het 'zelf', *khudī,* was toch iets dat moest vernietigd worden, of als een dauwdruppeltje zou verdwijnen in de eindeloze oceaan van het Goddelijke? Was dat 'zelf' niet de drager van al het negatieve, het egoïstische in de mens? Heel wat kritiek was meedogenloos en men beschuldigde Iqbal ervan een prooi te zijn geworden van Nietzsches verderfelijke ideeën. Nochtans, een aandachtige lectuur van het boek geeft een beter inzicht. Het is geschreven als een *mathnavī,* een gedicht in rijmende dubbelverzen. Door het gelijkaardig metrum verwijst Iqbals werk ook naar het grote *Mathnavī* van Jalāluddīn Rumi. Zijn inspirator Rumi was hem verschenen in een droom en had hem de opdracht gegeven dit dichtwerk te schrijven in het Perzisch, om aldus ook buiten India te kunnen gelezen worden.

Een vlam die het dorre hout van mijn leven aangreep
bracht mij tot bij Rumi. Hij sprak: "De macht van God, daar horen wij thuis". *(PM)*

In tegenstelling tot Iqbals interpretatie in zijn thesis in München, waar Rumi nog als vertegenwoordiger van het "hogere pantheïsme" werd voorgesteld, is hij hier de aankondiger van een dynamische levensvisie, van een hogere ontwikkeling van het zelf, dat steeds dichter bij de persoonlijke doch onbegrijpbare God moet komen. Het is Iqbals grote verdienste dat hij het oeuvre van Rumi kon losmaken van de eeuwenoude theosofische en pantheïstische commentaren. Iqbal slaagde erin om een centraal begrip van Rumi, *kibriyā* of 'Macht van God', in zijn eigen theologie centraal te plaatsen. Zelfs het woord *khudī*, ('zelf') wordt in de positieve interpretatie die het bij Iqbal heeft, ook aangetroffen in Rumi's prozawerk *Fīhi mā fīhi* of 'Van het Alles en het Ene'. Daar beduidt *khudī* de onvergankelijke, menselijke individualiteit. Je denkt spontaan aan Goethes

Alleen in de persoonlijkheid
ligt het hoogste geluk van de aardbewoners...

Dit nieuw inzicht in Rumi als dynamische mysticus heeft Iqbal in de eerste plaats wellicht te danken aan de biografie van Rumi, geschreven door de Indische geleerde Shiblī Nuʿmānī. In 1912 had hij op deze aspecten van Rumi's werk de aandacht getrokken.

In zijn dichtwerk 'Geheimen van het zelf' wilde Iqbal, zoals hij in een brief schreef, de "echte islam zonder sluier" beschrijven. Met 'sluier' bedoelde hij dan de Iraanse invloeden. Hij wilde de mensen leren hun persoonlijkheid te ontwikkelen en sterk te worden, want "Godsdienst zonder sterkte is slechts filosofie", schrijft hij in een brief. Sterk als een diamant, niet zwak als een kool of een dauwdruppel. Sterk als de valk of de adelaar, niet zacht als een patrijs of een duif. Dit was nog aanvaardbaar. Maar verder noemde hij Plato "dat oude schaap dat aan tijgers preekt over het belang van zwakheid en mildheid". De alomgeliefde Perzische dichter Hafis noemt hij een gevaarlijke verleider. Dat waren haast godslasteringen. (Deze passage werd later trouwens geschrapt). In Hafis las Iqbal de verlokking naar de dromerige rozentuin. Daar tegenover plaatste hij zijn mensbouwende sterkte. We lezen in *Asrār*:

Op zijden bedden heb je lang vertoefd -
Nu moet je aan het ruwe linnen wennen!
Eeuwenlang heb je op tulpen gedanst,
je gezicht in dauw gewassen, zoals de rozen.

Wentel je opnieuw in het hete zand
en duik onder in de Zamzam bron...

Voor de dichter lijkt het alsof enkel in de pure lucht van het heilige Arabië de verdere ontwikkeling van de moslims mogelijk is, alsof alle traditionele mystiek slechts een misvorming was van de boodschap van de Koran. Ascese, vlucht uit de wereld en vooral romantisch gedroom over een zieltje zonder daden, zelfs de voorstelling van een onpersoonlijke god waren volgens hem niet te verenigen met de positieve inhoud van de Koran. Ook als de Koran spreekt over het hiernamaals en de aardse vergankelijkheid, blijft er de boodschap over de levende God. We lezen in zijn artikel in *The New Age* (1917):

Elk woord in de Koran borrelt over van licht en levensvreugde. De Koran wil in geen geval ergens een treurige, pessimistische mystiek propageren, maar is een regelrechte aanval op religieuze systemen die eeuwenlang de mensheid voor de gek hebben gehouden. Grijpt de werkelijkheid van de wereld vrolijk vast en gaat met elkaar om tot grotere eer van God en zijn Profeet!... De opstanding van de moslim wereld ligt in het ethisch monotheïsme zonder toegevingen, dat aan de Arabieren werd gepreekt 1300 jaar geleden. Komt dan toch uit de nevel van Perzië en trekt rond in de stralende zon van de Arabische woestijn.

Iqbal treedt hier op als spreekbuis voor de 'naar Mekka geöriënteerde' Indische moslims die zich eeuwenlang hadden verzet tegen de 'indianisering' van de islam. Iqbal verzette zich tegen de Perzische mystieke dichters. Sommige Indische moslims verzetten zich tegen enkele mystici, die op basis van het 'inclusief mystiek monotheïsme' poogden een dialoog tot stand te brengen tussen de islam en het hindoeïsme van de Oepanishaden.

Deze idealen heeft Iqbal duidelijk geformuleerd in een volgend werk, *Rumūz-i bekhudī* of 'Geheimen van de zelf-loosheid', in 1917 verschenen. Daarin beschrijft Iqbal de volkomen persoon in een gelijkmatige volkomen maatschappij. Immers, benadrukte Iqbal altijd, een mens kan zich pas volledig ontplooien in de maatschappij. *Rumūz* is geschreven in het metrum van Iqbals *Asrār* en staat vol citaten uit de Koran, verwijzingen naar uitspraken van de Profeet, lofverzen over zijn familie en zijn gezellen. Dit meest 'islamitische' van Iqbals werk biedt ongetwijfeld een sleutel aan om zijn sociale en politieke gedachten goed te kunnen begrijpen.

Beide werken, *Rumūz* en *Asrār*, werden geschreven tijdens de eerste wereldoorlog. In die periode keken de Indische moslims met bezorgdheid naar hun Turkse geloofsbroeders die samen met de Duitsers vochten tegen de Britten, heersers in India. In die gespannen periode ontstaan ook de eerste afspraken tussen hindoes en moslims die gezamenlijk het Britse juk wilden afschudden. Een mijlpaal daarin was het Lucknow-Pact dat in 1916 werd gesloten. De toonaangevende architect was een advocaat uit Karachi, Ali Jinnah. De schietpartij in de Jalianwala Bagh in Amritsar, 1919, waarbij honderden hindoes en moslims werden neergeschoten, bracht beide groepen dichter bij elkaar. Vele moslims beantwoordden de oproep van Gandhi tot burgerlijke ongehoorzaamheid. Talrijke Indische moslims werden aangetrokken tot de Kalifaat Beweging, die hoopte dat de Turkse (Osmaanse) Sultān een verantwoordelijk leider zou worden voor alle moslims. Dit was in feite een dwaze utopie, want volgens het islamitisch recht is de *kalīf* slechts een 'leider van de gemeente in gebed en oorlog', en geen 'geestelijke' leider met de macht van een paus. Ook Gandhi steunde de Kalifaat Beweging, die echter uitstierf toen Atatürk de laatste Sultān afzette en hem op 3 maart 1924 ook zijn *kalīf* titel afnam. Nochtans hadden leidende Indische moslims, o.a. de Aga Khan, sterk gepleit bij Atatürk en Inönü voor het voortbestaan van het Kalifaat. Niet alleen internationaal, maar ook voor de Indische moslims kwam aldus een nieuwe situatie tot stand.

Iqbal nam geen deel aan de activiteiten van de Kalifaat Beweging en evenmin aan de burgerlijke ongehoorzaamheid. Integendeel, hij had het Britse eervolle aanbod om tot de adel te worden verheven, aangenomen, op een moment dat onder de invloed van Gandhi vele moslims hun door de Britten gegeven titels en ambten teruggaven.

In 1923 verscheen een dichtwerk dat van groot belang is voor het Duits lezend publiek: *Payām-i mashriq* of de 'Boodschap uit het Oosten' (Perzisch). Dit is niet minder dan een antwoord -ook het eerste en enige- van een moslim dichter op Goethes *West-Östlichen Divan*. Iqbal droeg zijn werk op aan de Afghaanse koning Amānullah, wiens politiek hij met sympathie volgde. Om voor zijn Urdu lezers het belang van het thema van zijn werk te verduidelijken schreef hij een inleiding in het Urdu over de oriëntalistische stromingen in de Duitse literatuur. Daarbij steunde hij vooral op de publicatie van de Amerikaan W.J. Remy, 1901. Het is evident dat Iqbal hierbij eerst aan de rol van Goethe dacht. Blijkbaar was hij zich niet goed bewust van het belang van de meesterlijke vertalingen uit het Arabisch, Perzisch en het Sanskriet door de dichter-oriëntalist Friedrich Rückert. De eerste lijnen van het opdrachtsgedicht in dit Perzisch werk herinneren er aan hoe Goethe ooit eens Hafis als zijn tweelingbroer beschouwde. Bij Iqbal gaat het om zijn betrokkenheid op Goethe:

Hij gelijkt op een bliksem, jong en ontstaan in Europa -
De adem van een grijsaard uit het Oosten wakkert mijn vlam aan.
Hij is in een tuin geboren en opgegroeid,
Ik ben getogen in het dode stof.
Hij zingt als een bos vol nachtegalen,
Ik ben als een karavaanbel in de woestijn, klagend.
Wij weten waar het geheim van het bestaan oplaait,
als boodschappers van het leven en van de dood,
Beiden zijn we dolken, blinkend als de morgen -
Zijn zwaard schittert, het mijne steekt nog in de schede.

Zoals de *West-Östlichen Divan* van Goethe, is ook de *Boodschap* van Iqbal ingedeeld in verscheidene boeken en begint het met een reeks vierregelige verzen: *Tulpen van de Sinaï*. Deze titel verwijst opnieuw naar een centraal begrip van Iqbal. Daarna volgt een reeks Perzische gedichten in verscheidene, westerse vers- en rijmvormen. In één ervan, de vijfdelige mythe over de *Overwinning van de natuur* beschrijft Iqbal dichterlijk zijn houding tegenover de ontwikkeling van de mens. Weinig studies over Iqbal verzuimen het hieruit ook de trotse dialoog tussen God en mens te citeren (zie verder, Gesprek tussen God en Mens). Een opstandige toon wordt hier aangeslagen, die we later steeds opnieuw terugvinden in Iqbals lyriek. Het haastige ritme van het lied van een kameeldrijver:

Je bent mijn zwervende kameel
de hinde die me nooit ontbreekt...
Stap toch iets sneller
Onze rustplaats is niet ver...

drukt dichterlijk uit wat Iqbal steeds beklemtoonde: het rusteloos zwerven moet de mens naar een bepaald doel -in dit geval het aardse doel van de moslims, Mekka- brengen. Ook in het gedicht *Dichters en Hoeri's,* met een thema ontleend aan Goethe, zingt hij over het eeuwige zwerven van de dichter, die zich niet laat verleiden door de verlokkingen van een statisch paradijs:

want mijn hart is ongeduldig
als de wind in het tulpenbed...

Opnieuw is Goethes invloed merkbaar in *De Stroom,* dat een zeer vrije, Perzische variante is van *Het Lied van Mohammed;* daarin, zoals Iqbal in een voetnoot aanduidt, wordt de natuur van het profetische mooi weergegeven. Ook zijn zorg om de wereld drukt Iqbal in deze gedichten geregeld uit. Het mooiste voorbeeld is de dialoog tussen Wetenschap en Liefde (zie verder). Daarin wordt het gevaar van de zuivere wetenschap (in de eerste plaats positieve wetenschappen) onderlijnd. De lezer denkt hierbij opnieuw aan een opmerking van Goethe: "Een eeuw die alleen met analyses bezig is en synthesen schuwt, is niet op het juiste pad. Alleen als beide samengaan, zoals in- en uitademen, kan wetenschap leven" (1829).

Na dit inhoudrijke deel van de *Boodschap uit het Oosten* volgt een reeks *ghazal*s, waardoor Iqbal bewijst dat hij ook in dit klassieke genre thuis is. Tot op dat ogenblik had hij enkel *ghazal*s in het Urdu geschreven en hij zou dat ook blijven doen. Maar tussen de Perzische *ghazal*s van de *Payām* zitten er ware pareltjes. Ze bezingen alle de activiteit en de rol van de mens in deze wereld, en dit in tegenstelling tot de traditionele *ghazal*s die druipen van onvervulde liefde en van doodsverlangen. Dit onderdeel met *ghazal*s, getiteld *Eeuwige Wijn,* is poëtisch zeer sterk. Toch zal een westerse lezer wellicht vooral interesse hebben voor het volgende deel, *Beeld van de Europeërs.* Daarin schetst Iqbal op dichterlijke wijze de deugden en ondeugden van Europese filosofen, dichters en politici: je vindt er niet alleen Tolstoi en Shelley, Byron en Petöfi, maar ook de als communist gebrandmerkte Iraanse rebel uit de middeleeuwen, Mazdak, en Karl Marx en Keizer Wilhelm II, naast Schopenhauer en Nietzsche. Het is boeiend hoe Iqbal afrekent met Hegel die hij ooit zo vereerde:

De filosoof wiens denken van het eeuwige
wegrukte het kleed van de tijdelijkheid,
Door zijn verbeelding werd de wereld beschaamd
Met het te kleine en nauwe kleed...

Hegel, beweert Iqbal, wiegt hem alleen nog in slaap -een slaap waaruit Rumi hem wekt. Met een vergelijking ontleend aan een Perzisch gedicht uit de 12de eeuw bespot hij Hegel:

Weet je wel hoe zijn verstand is, (vogel, die de hemel bestormt)? "Hij is een kip die toverend eieren legt zonder haan!"

In fel contrast hiermee brengt Iqbal zijn twee geestelijke meesters in een paradijsscène samen: Jalaluddin Rumi en Goethe, meent Iqbal, "hebben wel een boek, maar zijn nog geen profeten" (dit citaat is in feite van de grote dichter Jāmī, 15de eeuw, over Rumi). Beide boeken, *Faust* van Goethe en *Mathnavī* van Rumi, zijn voor hem geïnspireerde werken en beide dichters hebben gesteld dat de hoogste waarde in het leven de scheppende liefde is.

Het is bekend dat Goethe in zijn *Noten und Abhandlungen zum West-Östlichen Divan* niet veel goeds te vertellen had over Rumi. Zijn bron was de *Geschichte der schönen Redekünste Persiens,* van Hammer-Purgstall (1818) en de bruisend-'mystieke' uitlatingen daarin waren wellicht teveel voor Goethes smaak. Hierover was Iqbal nogal verwonderd, zoals we lezen in de inleiding op de *Boodschap uit het Oosten:*

De filosofische waarheden en wijsheid van Maulana Rumi waren voor hem ondoorzichtig, en het is duidelijk dat hij de woorden van Rumi met te weinig aandacht beluisterd heeft. Iemand die Spinoza (een Hollandse filosoof die overtuigd was van essentieel monisme) prijst en de verdediging opneemt van Giordano Bruno (een pantheïstische, Italiaanse filosoof), kan onmogelijk Rumi niet erkennen.

Het verrast ons niet dat Mehmet Akif, die het Turkse volkslied schreef, met enthousiasme Iqbal las toen hij hem leerde kennen in Egypte en diens ideeën vonden veel weerklank in zijn eigen dichterlijke en politieke idealen.

Ondertussen ging Iqbal zich verder politiek engageren. Hij publiceerde zijn Urdu dichtbundel *Bāng-i Darā* of 'Rinkelen van de karavaanbel' (1924) en hield zich ook bezig met problemen van het islamitisch recht. Daarbij bleef hij geïnspireerd om in het Perzisch te dichten. In 1927 verscheen een bundel met de titel *Zabūr-i ʿajam,* of 'Perzisch psalmenboek'. Daarin zien we Iqbals religieuze basishouding en vinden we zijn sterkste gebedsgedichten, kreten die de moslim toeroepen:

Sta op uit de diepe slaap!

Hij smeekt God:

Dood de wens in mijn hart
om steeds naar verandering te streven,
Of geef aan de tijden en de wereld een ander gezicht.
Doe dan toch dit of het ander!

In het laatste deel van dit werk bracht Iqbal zijn moderne variante op het klassieke Soefi epos van Shabistarī, *Gulshan-i rāz* of 'Rozenhaag van geheimen'. Iqbal geeft een dichterlijk antwoord op de vragen van Shabistarī over God, de mens en de schepping.

Dit brengt ons tot zijn filosofische activiteiten. Een aantal lezingen werden gepubliceerd als *Six Lectures on the Reconstruction of Religious Thought in Islam*. Eén hoofdstuk, getiteld *Is Religion possible*, werd later toegevoegd. De lezingen werden gehouden in Aligarh, Madras en Hyderabad, maar wekten ook in Europa heel wat belangstelling. Volgens Rudi Paret was het moeilijk voor een niet-moslim om Iqbals gedachtengang te volgen. In *Welt der Islam* had Kampffmeyer veel lof voor de visie van de denker, terwijl A. Jeffery, in *Oriente Moderno*, hem sterk bekritiseerde. Voor de Franse vertaling van het boek in 1955 schreef niemand minder dan Louis Massignon een Voorwoord vol begrip.

Het is niet eenvoudig om de *Lectures* te analyseren. Een klassieke, Europese historicus van de filosofie zal er geregeld tegenspraken in vinden en tot zijn grote verbazing moeten zien hoe de schrijver westerse en islamitische filosofie soms werkelijk eigenzinnig interpreteert. De titel van het werk schijnt aan te leunen bij het grote werk van de middeleeuwse theoloog al-Ghazzālī, *Ihyā ulūm ad-dīn* of 'Herbeleving van de Wetenschappen door de Religie'. In feite was het Iqbals bedoeling aan de moslims een dynamisch wereldbeeld aan te bieden, hen te doen nadenken over hun geestelijk erfgoed en hen aan te sporen tot een nieuwe beleving van hun positie. Daartoe verschafte hij hen een nieuwe interpretatie van de positie van de moslims, d.m.v. een analyse van de westerse filosofie tot aan Einstein. Zijn analyse van de mystieke en profetische vroomheid sluit volledig aan bij de typologie van Söderblom en Heiler, en zijn uiteenzettingen over het gebed kan ik aan elke student van de godsdienstgeschiedenis aanbevelen. Het verrast je telkens opnieuw hoeveel gedachten van Iqbal sterk gelijken op die van Europese denkers van zijn tijd en iets later: gelijkenissen met de vroege Buber, Lotze, Eucken en zelfs Tillich. Veel van hun werken stonden trouwens in zijn bibliotheek. Overeenkomst met andere denkers is historisch moeilijker te plaatsen, maar hij stond midden in de evolutiestroom van de Europese godsdienstfilosofie, die hij wilde aanwenden om de islamitische positie te verstevigen. Dat kostte hem het verwijt dat hij op ongeoorloofde wijze oosterse en westerse filosofie door elkaar gooide. Eigenlijk mag je de *Six Lectures* slechts lezen samen met zijn volledig poëtisch oeuvre: ze vervolledigen en verklaren elkaar.

In deze periode was Iqbal niet alleen tot God aan het schreeuwen, in vurige, dichterlijke taal of poogde hij om in een filosofische taal, in de Duitse filosofie gevormd, de essentiële punten van het moslim denken en leven te verduidelijken. Ook politiek was hij zeer actief. Hij was spoedig lid geworden van de *Muslim League*. Deze was in 1906 opgericht door de Aga Khan, als partij van de intellectuele moslims en de grootgrondbezitters. Deze tegenhanger van de [hindoe] *Congress Party*, had als doel de politieke belangen van de moslims te behartigen. Iqbal was actief in de lokale politiek van Panjab en in 1927 werd hij verkozen in de provinciale verkiezingen. De spanningen tussen hindoes en moslims verscherpten in 1928 toen het Nehru Rapport niet voldoende aandacht schonk aan de specifieke vragen van de moslim minderheid. De ontgoocheling van de moslims was zo groot dat Jinnah, die lid was van de *Muslim League* én van de *Congress Party*, erop aandrong dat niemand nog lid kon zijn van de twee partijen. De man die ooit mede-verantwoordelijk was voor het *Lucknow Pact*, gebruikte nu al zijn politiek gewicht om de *Muslim League* te versterken. Met dit in het achterhoofd kan men het jaarlijks congres van de *Muslim League* in Allahabad als historische mijlpaal verstaan: op 30 december 1930 sprak Iqbal, als voorzitter van het congres, voor de eerste keer over een onafhankelijke moslim staat in het noordwesten van India. Dit was de basis voor het Pakistan project (zie verder, Pakistan Address). Merkwaardig is dat in deze tekst nog geen sprake was van Bengalen in het oosten, met zijn overweldigende meerderheid moslims. Ook Kashmir, met zijn praktisch uitsluitend moslim bevolking, was er geen deel van en is het tot op heden nooit geworden. De naam *Pakistan* werd door een Indische student in Engeland, Chaudhri Rahmat Ali, bekend gemaakt. Pas twee jaar na de dood van Iqbal werd, op 23 maart 1940,

Pakistan als programmapunt van de *Muslim League* aangekondigd. Op 14 augustus 1947 werd Pakistan een onafhankelijke staat.

Het belang van de rol die Iqbal speelde voor de Indische moslims blijkt ook uit het feit dat hij twee keer naar Londen werd uitgenodigd om deel te nemen aan de Ronde Tafel Conferentie betreffende de toekomst van Indië. In 1931 maakte hij van de reis gebruik om enkele Arabische landen te bezoeken. In Jerusalem nam hij een deel aan een ontmoeting van moslim jeugd. In Mekka en bij het graf van zijn zo geliefde Profeet in Medina kon of wilde hij toen niet geraken. Bij de tweede reis bezocht hij Louis Massignon in Parijs (1 november) en bood hem -wat hij noemde- zijn *Nietzscheaanse Interpretatie van de Mysticus-martelaar Hallāj* aan. Massignon had zijn leven lang onderzoek verricht over het leven en werk van Hallāj. Hij voelde zich fel betrokken bij het lot van de moslims in de wereld, maar vooral bij het probleem van de nabijheid van God die Hallāj had verkondigd en in 922 met zijn leven betaalde. Iqbal was door Hallāj gefascineerd. Eerst was hij zeer kritisch geweest, maar uiteindelijk geëvolueerd tot een apotheose over de mysticus-martelaar in *Jāvīdnāma.* Dit moeten we begrijpen vanuit de mystieke traditie in de islam en vooral in de volkspoëzie.

In Parijs bezocht Iqbal verder ook Henri Bergson, wiens filosofie hem reeds lang begeesterde. Zijn eigen idee over liefde, *ishk* wordt soms vergeleken met de *élan vital* van Bergson. Zijn leer over de twee niveau's van tijd klinken Bergsoniaans, hoewel ze toch tot een islamitische bron kunnen teruggevoerd worden. Met het bezoek aan Spanje werd een oude droom vervuld. Zijn lezing in Madrid was voor hem echter minder belangrijk dan zijn langverwacht bezoek aan de grote moskee van Cordoba. Sinds het begin van de Urdu literatuur was het sterke heimwee naar de hoogtepunten van de islamitische cultuur in Spanje een geliefd thema, vooral bij de Indische moslim dichters en schrijvers. Wellicht aangespoord door *Tales of the Alhambra* van Washington Irving, ontdekten ze in Andalusië de glorie van de islam, zo verschillend van hun eigen vervallen toestand. Ook de Indische historicus Syed Ameer Ali had in zijn studie over de islamitische kunst in Spanje *(A Short History of the Saracens,* 1899) die glorie uitbundig beschreven. Iqbals bezoek aan de moskee van Cordoba inspireerde hem tot het schrijven van zijn meest geciteerde en gereciteerde werk, zijn grote *Ode* in het Urdu. Daarin beschrijft hij, soms op een verdoken wijze, de grootsheid van de islam in Spanje. Eerst zingt hij over het geheim van de liefde die de mens bevrijdt van de "keten van dagen en nachten". Het is de kracht die verder staat dan tijd en ruimte, en alles beweegt:

Keten van dagen en nachten rijgt de gebeurtenissen aan elkaar;
Keten van dagen en nachten, daaruit ontstaan leven en dood!
Keten van dagen en nachten, tweekleurig zijden garen,
Daaruit kan elk wezen zich weven een gewaad van attributen...

Dag en nacht leiden tot de dood, en het eerste deel besluit met de ver-
zuchting:

Eerste en laatste: vergaan; binnen en buiten: vergaan.
Of het beeld oud is of nieuw -laatste stap is altijd: vergaan!

Daarna weergalmt opnieuw de positieve hoop: de man van God verkondigt
de alles bewegende liefde:

Of de tijd nu snel of traag verloopt -
Liefde is een woeste stroom, onweerstaanbaar als staal...
Liefde is de adem van Gabriël, liefde is het hart van Mustafa,
Liefde is het woord van God, een gezant van God!

En zo komen we in de hoopvolle toonaard van het gedicht:

Als de snaren van het leven maar getokkeld worden met het plectrum van
de liefde,
Alle leven bloeit door de liefde, alle leven gloeit door de liefde!

Na Spanje, dat voor hem geleek op het heilig domein van Mekka *(BJ)*,
bracht Iqbal ook een bezoek aan Mussolini, die hem als een "verbinding van
heilige en duivel" voorkwam en aan wie hij een lofgedicht wijdde in *Bāl-i
Jibrīl.* Zijn bewondering voor machthebbers taande vlug toen Italië
Abessinië annexeerde. Dat inspireerde Iqbal tot een reeks verontwaardigde
gedichten. Rome geleek op Delhi op het toppunt van zijn macht *(BJ)*. Zijn
geestelijke heimat Duitsland heeft Iqbal nooit meer bezocht.

Tijdens deze periode van politieke activiteiten en reizen zien we de publicatie van Iqbals dichtbundel die men zijn meesterwerk kan noemen:
Jāvīdnāma of 'Boek der eeuwigheid' of 'Boek voor Javid', zijn jongste zoon
uit zijn laatste huwelijk. Dit *Boek der eeuwigheid* heeft de meest verscheidene

invloeden ondergaan: deze reis door de sferen doet in de islamitische traditie denken aan de hemelvaart van de Profeet, zoals door de Soefi's is afgebeeld. In 1930 had Iqbal aan de leider van de Soefi's in Delhi, Hasan Nizāmī, gevraagd hem het werk te bezorgen van Mohammed Ghauth Gwaliori. Dit is een ingewikkelde mengeling van mystieke, astrologische en magische voorstellingen en praktijken uit de 16de eeuw. Verder, in de westerse traditie, kan men denken aan de *Divina Commedia* van Dante, fel door Iqbal bewonderd. Ook Milton's *Paradise Lost* had hij in zijn jeugd gelezen en het had hem doen hopen ooit zelf eens een groot religieus epos te schrijven. Onvermijdelijk zijn er ook de invloeden van Goethe, niet alleen in het *Voorwoord in de Hemel* en het *Voorwoord op Aarde,* maar ook in de figuur van de duivel, die trouwens overal in het werk van Iqbal sterk beïnvloed schijnt te zijn door de Mephistopheles van Goethe.

Iqbal zelf was -heel terecht- trots op zijn werk en in een brief van 1931 schrijft hij dat een "Vertaler van dit werk in Europa grote roem zal oogsten". (We hebben nu reeds een volledige vertaling in het Italiaans, Duits, Turks, Engels en Frans).

In dit epos -dat we verder uitvoerig zullen bespreken- beschrijft de dichter zijn reis door de sferen, in het gezelschap van Jalāluddīn Rumi. Vorm en ritme van dit werk in het Perzisch wijzen opnieuw op de invloed van Rumi's *Mathnawī,* ook al wordt de tekst soms onderbroken met *ghazal*s. De dichter baseert zich op de traditionele indeling van de sferen, waarin hij wijzen en filosofen, heersers en dichters onderbrengt. Die figuren komen niet alleen uit de islamitische traditie, maar ook uit andere religies. Tevens verandert hij soms het traditionele beeld van de planeten volledig. Natuurlijk verdwijnt de trouwe begeleider Rumi juist vóór het binnentreden in de aanwezigheid van God, zoals in de islamitische traditie over de hemelvaart van de Profeet ook de engel Gabriël niet vóór God kan verschijnen. Vooral specialisten in de godsdienstgeschiedenis zullen dit werk interessant vinden. Het is immers een synthese van de verscheidene stromingen in de geschiedenis van de godsdienstfilosofie. Het biedt ons ook de politieke en theologische voorstellingen van Iqbal in een zwierige, dichterlijke vorm. Een oppervlakkige lezer zal het niet altijd gemakkelijk begrijpen, als hij niet de nodige historische bagage heeft. Maar bij elke nieuwe lectuur worden nieuwe perspectieven geopend. Het werk is soms profetisch en in alle geval laat het, zoals geen ander werk van Iqbal, de brede waaier van zijn denken kennen.

In de herfst van 1933 (20 oktober-15 november) werd Iqbal door koning Nādir Shah naar Afghanistan uitgenodigd, als raadgever voor de oprichting van een universiteit. Samen met zijn vriend Sayyid Sulaimān Nadwī, die hij in zijn brieven veelvuldig om raad inzake theologische aangelegenheden had gevraagd, en met Sir Ross Masood, kleinzoon van de minister-president van Bhopal, bezocht Iqbal het geliefde Afghanistan, kort vóór de moord op Nādir Shah. Aan zijn opvolger, de jonge Zahir Shah, droeg Iqbal een gedicht vol goede raadgevingen op. Hij publiceerde het in een kleine bundel getiteld *Misāfir*, of 'Reiziger'. Dit boekje is in feite een dagboek van zijn verblijf in Afghanistan. Het bevat ook het fijngevoelige gedicht dat hij schreef bij het zien van de *khirqa-i sharīf* of mantelrelikwie van de Profeet in Qandahar. Daarin drukt de dichter zijn diepe verering uit voor de Profeet, die hij met de mooiste bijnamen aanspreekt. Eveneens een ware belevenis voor Iqbal was zijn bezoek aan het graf van Mahmud van Ghazni, de koning die tussen 1000 en 1026 niet minder dan 27 keer het noordwesten van Indië was binnengevallen. Grote delen van het huidige Pakistan had hij ingelijfd in het rijk van Ghazni. Hij vernielde ook de machtige hindoe tempel van Somnāth (Gujarāt). Deze "afgodenvernieler" Mahmud komt trouwens geregeld voor in de gedichten van Iqbal als model van de ware gelovige.

In een ander klein werkje met Perzische verzen, getiteld *Pas che bāyad kard* of 'Wat moeten we nu doen, volkeren van het Oosten?', wijst hij nog eens op de dringende noodzaak om naar de echte islamitische principes terug te keren.

Na zijn bezoek aan Kabul reisde Iqbal niet meer naar het buitenland. Met zijn jonge zoon Javid bezocht hij wel -ten noorden van Delhi- het graf van Ahmad Sirhindī (overleden in 1624), een hervormer van de islam, "Stof dat de opgang van lichten in de hemel is" *(BJ)*. Sirhindī verzette zich tegen keizer Akbars tolerantie en syncretisme met een verwijzing naar het islamitisch recht *(sharīʿa)*. Hij preekte een totaal afzweren van alle gewoonten en gebruiken die uit het hindoeïsme ontleend waren en schreef hierover talloze brieven aan de vooraanstaanden in het Mogul rijk. Iqbal vond hierin koren voor zijn molen, maar we weten niet in hoever hij de hoogvliegende mystieke uitlatingen van Sirhindī kende of erkende. Iqbal kon nog kleine reizen ondernemen maar vanaf 1934 begon zijn ziekte aan het strottenhoofd, gevolgd door andere kwalen van de oude dag. Hij was zelfs niet in staat om de uitnodiging van de Zuidafrikaanse moslims aan te nemen of naar Oxford te gaan voor de Cecil-Rhodes lezingen.

Hij werkte verder en in 1936 en 1937 verschenen twee bundels met Urdu gedichten. In het eerste, *Bāl-i Jibrīl* of de 'Vleugels van Gabriël' vinden we zijn rijpste gedichten. Eerst vinden we er dappere smeekbeden in, gevolgd door de meesterlijke *Ode* aan de moskee van Cordoba. Daarin vinden we ook de ophitsende discussie tussen de engel Gabriël, die in zijn aanbidding van God volhardt, en de opstandige satan die "voortdurend de zijde van God met een doorn prikt" en daardoor het leven interessant maakt. In dit gedicht gebruikt Iqbal ongewone beelden om het belang te beklemtonen van onverpoosde onrust, nooit aflatend vragen en aanhoudend zoeken. Opmerkelijk ook is het gedicht *Lenin in de aanwezigheid van God,* waarin de Russische leider eindelijk, in de aanwezigheid van God, erkent dat er een God is:

Nu zie ik met mijn eigen ogen dat die wereld bestaat!
Ik hield voor fabeltjes uit de kerk, onzin die vergaat.

Hij vraagt de Heer waar Hij eigenlijk aanbeden wordt, want in het Westen

Hoger dan de kerken zie je nu de banken in de hoogte rijzen!

De *Vleugels van Gabriël* bevat heel wat natuurgedichten. Daarin verschijnt voortdurend de wilde tulp, de lievelingsbloem van Iqbal. Niettegenstaande de kritische uiteenzettingen over de wereld en de verlangens over Gods orde in de wereld, is deze bundel vooral lyrisch. In *Zarb-i Kalīm* of 'Slag van Mozes' (aan de Nawāb van Bhopal opgedragen) verschijnen meer kritische gedichten, zoals blijkt uit de titel zelf. Met opmerkingen over maatschappij en economie, vrouwen, de gevaren van de speelfilm enz. uit hij in scherpe Urdu verzen zijn afkeuring of verdoemenis. Daardoor is deze bundel een interessant tijdsdocument. Ook uit de brieven van deze periode blijkt Iqbals pessimistische of twijfelend-kritische houding. In deze periode vermeldt hij tevens geregeld het werk van Europese oriëntalisten. Met velen onder hen had hij briefwisseling en hun invloed was onmiskenbaar in zijn eigen werk. Maar hij vreesde, zo schreef hij in 1937, "dat ze onder de dekmantel van wetenschappelijk werk de eenvoudige gemoederen van moslim studenten zouden verleiden". Dit was vooral gericht tegen missionarissen zoals Zwemer, die als islamoloog werkten. Reeds in 1930, verwijzend naar de leidende Europese oriëntalist Ignaz Goldziher, had hij Europese islamologen verweten aan politieke of missionaire propaganda te doen. Deze houding zien we een halve eeuw later verscherpt terug in de kritiek van Edward Said over 'Oriëntalistiek'.

Iqbal correspondeerde ook met bekende moslim leiders, zoals Mustafā al-Marāghī, de beroemde rector van de Azhar universiteit in Kaïro. Verder ook met Halid Halil van de (niet lang bestaande) islamitische faculteit van Istanboel. Hem verwees hij naar Duitse geleerden zoals August Fischer en Josef Horovitz die hij zelf waardeerde. Naar het einde van zijn leven toe droomde hij ervan een *Boek van de vergeten Profeet* te schrijven, in de stijl van Nietzsches *Zarathustra*. Hij ijverde ook voor de oprichting van een islamitisch cultuurcentrum in Panjab. Hij dacht ook aan een nieuwe commentaar op de Koran, maar daarvoor was hij te zwak geworden. Zijn oude band met Duitsland kwam weer boven toen hij in 1935, na het overlijden van zijn vrouw, een Duitse opvoedster, Doris Ahmad, in dienst nam voor zijn kinderen Javid en Munira. Zij bleef tot op heden trouw met de familie verbonden.

Iqbal had er altijd spijt over dat hij nooit Medina had bezocht. Reeds in *Rumūz-e bekhudī* had hij het verlangen geuit in de Hijāz te kunnen sterven, maar tijdens zijn laatste dagen schrijft hij in enkele dromerige verzen:

Hoe oud ik ook ben, ik trek nog eens naar Medina,
Om gelukkig, daar mijn liefdeslied te zingen -
Een vogel, die 's avonds in de steppe
aan zijn nest denkt en zijn vleugels uitslaat...

Het is tekenend dat de bundel die na zijn dood verscheen, als titel draagt *Armaghān-i Hijāz* of 'Geschenk van de Hijāz'.

Zijn gezondheid verslechterde en zijn zicht verminderde, en in april 1938 kon men niet meer hopen op beterschap. Het verheugde hem zeer dat op 20 april de Duitse filosoof H.H. von Veltheim-Ostrau hem een bezoek bracht en urenlang met hem sprak over de wereldpolitiek en vooral over de Duitse filosofie en taal. Enkele uren na dit gesprek, waarin nogmaals Iqbals geestelijke leider Goethe te berde was gekomen, stierf de dichter, in de vroege morgen op 21 april, zoals hij zelf in een gedicht had beschreven:

Aan de rand van zijn nacht staat het morgenrood,
Uit zijn ster laait de gloed van de werelden.

Hoe kan ik anders de gelovige beschrijven?
Hij lacht als de dood hem nadert.

Iqbals eenvoudig graf, aan de voeten van de Badshah moskee in Lahore is een pelgrimsoord geworden voor miljoenen. We lezen in de krant *Islamic Culture* (Hyderabad) na zijn dood:

"Als wij om hem treuren, ervaren we zijn dood niet als van een enkeling. Wij weten dat iets dat misschien maar één keer in een eeuw in een land verschijnt, iets dat bijzonder kostbaar was in zijn eenmaligheid, plots van ons is weggenomen. De moslim wereld is als een bloedend lichaam, waarvan een belangrijk deel is weggesneden, precies nu het zo nodig was". Voor Iqbal zelf geldt ongetwijfeld wat hijzelf ergens in een gedicht schreef:

De dichter is het hart in de boezem van een natie.

GOD, MENS EN WERELD IN HET WERK VAN IQBAL

Centraal in het denken en dichtwerk van Iqbal bleven de gedachten over de relatie tussen God en mens, die hij dramatisch uitgedrukt had in de *Klacht* en in het *Antwoord op de klacht*: de mens is te zwak en machteloos om God nog echt te kunnen (of willen) dienen. Als gelovige en toch niet bekrompen moslim begreep hij dat het geheim van alle leven lag in de erkenning van *lā ilāha illā Allāh* of 'Er is geen God buiten God'. Deze fraze verschijnt voortdurend opnieuw in zijn dichtwerk, als basis van elk menselijk succes: dat *lā* of 'geen' bevrijdt de mens uit de boeien van de wereld *(AK)*, *lā* en *illā* samen openen de deur van de schepping *(Pas)*. 'Liefde' en 'armoede' zijn gelijk aan volledig vertrouwen op Gods eindeloze rijkdom en komen uit deze geloofsbelijdenis voort. Met het beeld van eeuwenlang Soefisme voor ogen, tekent Iqbal dit *lā* als een zwaard, dat al het niet-goddelijke wegsnijdt. In feite zou men kunnen zeggen dat het woord in de Arabische kalligrafie enigszins op een zwaard gelijkt.

God alleen moet aanbeden worden. Al het andere dat de aandacht van de mens trekt -in de 20ste eeuw zijn dat alle *ismen*- zijn als afgodsbeelden die de gelovige kapot moet slaan. Zo heeft vroeger ook Abraham, de eerste monotheïst, de afgoden van zijn voorvaderen kapotgeslagen. In de Koran heeft de éne God zich met de naam Allāh geopenbaard, zelfs als Hij nooit beschreven of door menselijk denken begrepen kan worden. Hij heeft zich ook als 'Licht' (Sura 24/35) bekend gemaakt. Voor Iqbal is dit Zijn absoluutheid, en niet Zijn materieel vast te stellen alomtegenwoordigheid. Immers, de snelheid van het licht is de hoogste empirische snelheid *(L)*. Uit deze zelfbeschrijving en uit de beschrijving van Zijn eenheid in Sura 112 blijkt duidelijk dat deze God persoonlijk *(personhaft)* is, alhoewel de moslim theologie altijd gesteld heeft dat God niet *schachs* of 'Persoon' mag geheten worden. Dit zou een begrenzing beduiden. Tegenover deze 'persoon-lijkheid' van God plaatst Iqbal het mysterie van de on-eindigheid van God: 'goddelijke Oceaan', 'Woestijn van de Godheid', zelfs 'goddelijk Niets'. We merken toch ook bij Soefi's uit de 9de eeuw dat "alleen God het recht heeft 'Ik' te zeggen". Het is niet toevallig dat uit de 99 mooiste namen van God juist de twee volgende het meest worden gebruikt: *al-hayy al qayyūm* of 'de Levende, die door Zich Zelf bestaat'. Deze komen op identieke wijze ook voor in het troonvers (Sura 2/256), waar de alomvattende macht en grootheid van God verkondigd wordt. Het is deze levendige God, volgens Sura 55/29, die "elke dag een nieuwe taak opneemt". Deze God moet de moslim in onvermoeide activiteiten nabootsen. Iqbal is zich bewust van de tegenwerpingen tegen zijn voorstelling van God en van Zijn Anders zijn. Toch houdt hij het trouw bij zijn begrip van het Zelf, *khudi* van God. Het is toch God die in het allereerste begin met het woord *alastu bi-rabbikum* of 'Ben Ik niet uw Heer' de dialoog met de mens heeft aangevat. Deze dialoog zet Hij immer verder, zoals beschreven staat in het vers "Roept Mij en Ik zal u antwoorden" (Sura 40/62). Iqbal heeft zich altijd verzet tegen pogingen om God met filosofische begrippen zoals 'Eerste Oorzaak' of 'Zeker Bestaande' te beschrijven. De God van de Koran schept voortdurend, de God van de profetische openbaring is niet te scheiden van de wereld die ooit eens uit Hem ontstaan is.

Iqbals aangevochten voorstelling van een persoonlijke en eindeloze God komt in feite overeen met de stelling van een aantal, vooral Duitse, godsdienstfilosofen uit het begin van deze eeuw. Nochtans was hij slechts gedeeltelijk met hun werken vertrouwd. We denken hier aan de uitspraak van Friedrich von Hügel: "Persoonlijkheid en eindeloosheid zijn niet alleen verenigbaar: de persoonlijkheid van alle eindige wezens is precies omwille van de eindigheid ook onvolkomen. Daarom is een volkomen persoonlijkheid slechts verenigbaar met een eindeloos wezen. Het eindige kan dat slechts benaderen". En Rudolf Eucken stelde: "slechts door een universele Persoonlijkheid kunnen partikuliere wezens een persoonlijk karakter krijgen".

Dit probleem doet natuurlijk vele vragen rijzen: hoe kan dat grote, allesomvattende Zelf de talloze kleine ego's die in de wereld bestaan, beginnend met het atoom, in Zich opnemen? Iqbal gebruikt een dichterlijke vergelijking en roept tot God:

Gij: zon! Ik: planeet in Uw gebied.
Ik werd volledig licht in het spoor van Uw blik.
Ik ben ver van Uw boezem en beperkt -
Gij zijt de Koran, ik ben slechts een hoofdstuk. *(PM)*

In zijn laatste verzen beschrijft hij het menselijk 'zelf' als de parel in de schelp van het leven, of als de parel die we ons zonder de zee niet kunnen voorstellen:

Het zelf heeft zijn bestaan door het bestaan van God,

Het zelf schijnt slechts door het bestaan van God.

Ik weet echt niet: als er de oceaan niet was,

waar zouden dan de prachtige parels zijn? *(AH)*

De relatie kan alleen in tegenspraken worden uitgedrukt:

Als je voor Hem ijvert, zul je alleen jezelf vinden;

Als je voor jezelf ijvert, zul je alleen Hem vinden. *(PM)*

Gods leven, zo zegt Iqbal in de *Lectures,* is intensief en niet-intensief.

"Gods leven is zelf-openbaring en niet het nastreven van een doel dat nog niet bereikt is. Het 'nog-niet' van de mens betekent streven en kan zelfs een veldslag worden. Het 'nog-niet' van God betekent de feilloze realisatie van Gods eindeloze scheppingskracht. Hij behoudt hierbij Zijn volledig Zijn.

Als in het Oneindige hetzelfde

zichzelf eeuwig herhalend vloeit,

Als het duizendvoudig gewelf

zich krachtig ineen sluit,

stroomt de levenslust uit alle dingen,

de grootste en de kleinste sterren,

en al het ijveren en galmen

wordt eeuwige rust in God de Heer.

Een omvattende kritiek van alle aspecten van de ervaring doet besluiten dat de ultieme Werkelijkheid een rationeel werkend, scheppend Leven is. Als we dit Leven als een Ego interpreteren beduidt dit niet dat we God naar het beeld van de mens vervormen. Het betekent alleen dat we de eenvoudige ervaring in de ogen moeten zien. Het Leven is geen vormloos gegeven maar een organiserend eenheidsprincipe, een synthese brengende activiteit, die het uit elkaar vallen van een levend organisme tegenwerkt en voor een constructief doel naar een centrum leidt".

Iqbal had ongetwijfeld Friedrich von Hügel bijgetreden die schrijft: "God is niet zonder einde, maar eeuwig. Precies de volheid van Zijn Leven laat geen ruimte en mogelijkheid voor een opeenvolging, zoals in ons armtierig bestaan". Als hij tenslotte de religie voorstelt als heel verschillend van de filosofie, en veel groter, is dat tegelijk ook een afzwering van Kant. Dat maakt hij ook op andere plaatsen duidelijk. Voor Iqbal is de innerlijke ervaring een herkenningsbron die niets te maken heeft met zintuiglijke ervaring. In tegenstelling tot de intellectuele kennis die altijd slechts een gedeelte van de werkelijkheid kan herkennen, biedt de innerlijke ervaring een blik op het Geheel. In zijn *Lectures* maakt Iqbal het voortdurend duidelijk dat voor hem de 'bovennatuurlijke', mystieke ervaring slechts een natuurlijke voortzetting is van de gewone ervaring.

Het zal de godsdienstwetenschapper hier wellicht opvallen dat het normale onderscheid tussen de verborgen God, *deus absconditus* en de *deus revelatus,* God geopenbaard door Zijn schepping en Zijn profeten, bij Iqbal niet heel scherp is. Na diepere studie blijkt echter dat de essentie van de goddelijke verborgenheid en openbaring in Iqbals werken voortdurend met nieuwe beelden wordt verduidelijkt. Dat blijkt uit zijn voorkeurgebruik van de tegengestelde *khalwa* of 'eenzaamheid' en *jilwa* of 'zich kenbaar maken'.

Overal in zijn werk vinden we verwijzingen naar het dubbele gelaat van de openbaring, in de vorm van *jalāl* of 'macht', *mysterium tremendum* en *jamāl* of 'schoonheid', *mysterium fascinans*:

Het geweld van (de Seljuk) Sandschar en
  van (de Osmaanse) Selim getuigt van Uw macht,
De armoede van (de mystici) Junaid en Bāyezīd
  bewijst Uw ongesluierde schoonheid. *(BJ)*

Zo wordt het *lā* ('geen' in de geloofsbelijdenis) met *jalāl* of 'affirmatie' en met *jamāl* of 'schoonheid' verbonden *(Pas)*, of verder zoals de liefhebbende evenzeer in de Kaʿaba als in een tempel met afgoden de macht van de Heer erkennen kan *(PM)*.

Om deze levende god te kunnen erkennen, met Hem in een scheppende dialoog te kunnen treden, moet het schepsel Hem benaderen, op Hem gelijken. Volgens het woord van de Profeet is de mens toch geschapen naar de gelijkenis met God. Voor deze schets van het beeld van de mens heeft Iqbal baanbrekend werk verricht, beginnend met zijn *mathnavi Asrār-i khudī*. Dit *khudī* of 'zelf', de individualiteit, het 'Ik' bezit elk geschapen wezen. "In elk atoom steekt de kracht van het zelf" *(AK)*.

Maar, zo merkt Iqbal in de inleiding op *Asrār* op: "Door de verscheidene tonaliteiten van het zijn groeit de toon van het *khudī,* tot het de volkomenheid bereikt in de mens. Hiermee te vergelijken is de uitspraak van

Iqbal in London, 1908.

Rudolf Pannwitz: "De mens is de hoogste spits in zijn wereld. Hij heeft de meeste trappen doorlopen". Hij is, zoals Iqbal het met een oud Soefi beeld uitdrukt, "de laatste vrucht aan de boom van het leven" en hij bereikt zijn hoogtepunt in de *mard-i momin,* de ware gelovige. Het meest volkomen is hij natuurlijk in de Profeet, die elke gelovige moet proberen te volgen. Om één enkele volmaakte roos voort te brengen moet het leven duizend tuinen vernielen *(AK).* Deze idee komt reeds in de vroege Perzische literatuur voor, zoals bij Sana i, ca. 1200 en ʿAttār. De materie van haar kant "heeft niets geleerd" (Pannwitz en Nietzsche) en moet telkens opnieuw van nul beginnen. Vandaar dat het essentieel is dat het zelf, het *khudī*, zoveel mogelijk wordt ontwikkeld. Immers, deze onsterfelijke substantie is "toevertrouwd bezit", door God aan de mens gegeven. Hij heeft het aangenomen, niettegenstaande zijn zwakheid en gebrekkigheid, en nadat hemel en aarde het hadden verworpen (Sura 33/72).

Dit *khudī* moet versterkt en gehard worden, want macht is volgens Iqbal noodzakelijk om te overleven. Reeds in 1910 schreef hij dat "macht goddelijker is dan waarheid". In zijn werk *Asrār* heeft hij deze uitspraak gemilderd en er macht en waarheid als tweelingsbroers beschreven. We moeten toegeven dat 'machtsdrang' ongetwijfeld in zijn werk aanwezig is en op basis daarvan heeft men hem kwalijke invloeden van Nietzsche aangewreven. Iqbal heeft de Duitse filosoof wel tot een bepaald niveau vereerd, maar zijn uitspraken zijn ook met die van andere denkers te vergelijken: Paul Tillich spreekt van macht als "dynamische zelfbevestiging van het leven" -dit komt precies overeen met wat Iqbal zegt- en hij schrijft verder: "Dat zeer centrale en op zichzelf betrokken en zelfbewuste wezen dat de mens is, heeft de hoogste 'zijnsmacht'. Hij heeft een wereld, niet alleen een omgeving en daardoor eindeloze mogelijkheden tot zelfverwezenlijking". Ook Pannwitz sprak van macht "als het leven dat naar buiten grijpt, verovert, zich vermeerdert en verhoogt, zich met zichzelf meet en anderen overweldigt, dat vernielt en schept". Dit gelijkt opnieuw fel op de scheppende macht van Iqbal. Voor hem is het zelf een verborgen kracht die snakt naar activiteit, zoals hij zelf noteert bij *Asrār*:

Alles gaat verloren als men zichzelf toont,

Elk stofje is een getuige voor de goddelijke macht,
    kibriyā.

In *Bāl-i Jibrīl* lezen we: Het zelf moet zich individualiseren om tot activiteit te kunnen overgaan. Dit zelf, dat volledig in zichzelf geconcentreerd is, kan volle kracht uitstralen. Het gebruik van *kibriyā* hier komt overeen met de interpretatie van Rumi. Wellicht zien we hier de invloed van een vers in *Dīvān-i Kabīr* (No. 463), dat reeds R.A. Nicholson in zijn selectie van 1898 citeert:

Wij staan hoger dan de hemelen, zijn meer dan de engelen -
Waarom overtreffen we niet beiden? Ons doel is de goddelijke macht,
   kibriyā.

De kracht die Iqbal van zijn ideaal schepsel verlangt, is niet -en dit lijkt me
zeer belangrijk- een kracht die geen enkel contact heeft met zijn geestelijke
wortels. Integendeel, ze kan alleen werken als ze in direct contact staat met
God:

Hoe mooi toch leert een duif aan haar jongen:
"Je mag niet vertrouwen op fluweelzachte wezens.
Maar als je uitroept 'Oh God', vol verlangen,
Ben je beveiligd tegen de klauwen van de valk!" *(AH)*

Daar is een voortdurend wisselspel tussen het vervallen in eenzaamheid in
de aanwezigheid van God en het openbaren van de kracht verworven door
het gesprek met God. Dat is het oerfenomeen van de polariteit van het leven
en daarin -en dat heeft Iqbal zijn leven lang gepreekt- kan het zelf zich realiseren. Het geweld van God en Zijn schoonheid zijn twee aspecten van het
Ene. In zijn later werk wijst de dichter er geregeld op dat men zonder deelname aan de macht van God ook Zijn schoonheid niet kan ervaren.
   Iqbal herhaalt voortdurend dat de mens niet enkel een vorm is, gemaakt
uit klei en water. Zijn hart, zijn macht zijn het belangrijkste. De materie helpt
om de inwendige krachten tot ontplooiing te brengen en is even nuttig als de
tijd, waarbinnen ons leven zich afspeelt, noodzakelijk is voor de realisatie van
onze doelstellingen. Volgens de islamitische leer, zegt Iqbal, kunnen we echter
niet spreken van dualiteit van ziel en lichaam, van geest en materie. Beide
zijn noodzakelijk, zelfs als de materie beheerst en vergeestelijkt moet worden.

   Iqbal schiep zijn mensen, zoals zijn Godsbeeld, vanuit de Koran die hij
soms zeer eigenzinnig interpreteerde. Heeft God niet aangekondigd aan Zijn
engelen dat hij een Vertegenwoordiger, een *khalīfa,* op aarde zou zenden
(Sura 2/28)? Vele commentatoren interpreteerden dit als de Vertegenwoordiger van de engelen die over de schepping waken. Vandaar de ergernis van
de engelen als ze dit vernemen. Zoals vele mystieke denkers vóór hem,
interpreteert Iqbal het als 'Stadhouder van God', en door deze gedachte zijn
zijn meest gewaagde verzen geïnspireerd. De mens in wie God Zijn adem
blies (Sura 38/72) is ook uit het paradijs verdreven geworden. Deze 'val', zegt

Iqbal in zijn *Lectures,* betekent niet de morele verwerping van Adam. De eerste ongehoorzaamheid van Adam was het gevolg van zijn eerste vrije keuze, en daarom is de zonde van Adam vergeven. In feite is de verdrijving uit het paradijs de overgang van een pre-logische toestand naar het bewuste leven. Daarin kan de mens zijn talenten door God geschonken, aanwenden tot hogere ontwikkeling:

Je paradijselijke oorsprong verdooft de vreugde in de daad.
Sla spiegelklare wijn uit de blauwe wand van de hemel!

Dit lezen we in *Overwinning van de natuur (PM).* Daarom krijgt Satan die Adam verleidde, een belangrijke rol toebedeeld. Door voortdurend te strijden met de duivel en met zijn vertegenwoordiger, het *nafs* of 'ziel'[2] wordt de mens gelouterd en kan hij zich positief ontwikkelen. Dit is de "grote Heilige Oorlog", zoals de Profeet het formuleerde. Op die manier is de vijand voor de mens een zegen. Ook Rumi heeft in zijn Verhaal over de predikant verteld, die voor zijn vijanden bidt omdat ze hem naar God geleid hebben. Strijd, heilige strijd tegen de krachten van het kwaad is de opdracht van de mens, want

Leef niet in een wereld van blind genieten,
waar men één God maar geen duivel kent. *(PM)*

De dichter die in *West-Östlichen Divan* aan de hemelpoort staat, beroemt er zich op dat:

Ja, ik was ooit een mens
en dat wil zeggen een vechter.

Toen de Profeet ooit zei: *aslama shaitānī* of "Mijn duivel, dit is mijn leven[3], is moslim geworden" of "heeft zich volledig overgegeven", dan beschreef hij het levensdoel van de ware gelovige, die zijn negatieve neigingen zo moet beheersen, dat hij ze tot positieve krachten kan ombuigen. Dit is een toepassing van de oude spreuk van de Soefi's: "Eigent U de eigenschappen van God

---

(2) *Nafs* wordt in het Duits vertaald als *Triebseele* en verwijst naar de drijvende kracht van de ziel, de levensinstincten, de levensadem, enz. (vertaler).

(3) *Triebseele;* zie vorige voetnoot.

toe", een spreuk die volledig past in het concept van Iqbal. Vele van zijn concepten, vooral van psychologische aard, heeft hij ontleend aan het vroege, voluntaristische Soefisme. Evenzeer heeft hij zich verzet tegen de 'gnostische' stromingen in de moslim mystiek.

Het is begrijpelijk dat zijn concept van *khudī* verkeerd werd geïnterpreteerd. In 1937 schreef hij in een brief dat hij *khudī* geconcipieerd had als een morele en metafysische waarde. Als een lezer dit concept eerder als hoogmoed en trots zou begrepen hebben, dan moest hij de dichter daarvan op de hoogte brengen.

Dit 'zelf' is een immer groeiende, God benaderende kracht die de "wereld van 'hoe' en 'wat' onder zijn zegelring moet nemen", dit betekent moet beheersen, zoals vroeger Salomon mensen en geesten met zijn zegelring beheerste. De wereld mag niet verlaten worden *(tark)*, maar moet beheerst worden. In de notities bij *Asrār* schrijft hij: het zelf moet zich niet aan de omgeving aanpassen, maar de omgeving aan het zelf. Met steeds andere beelden bezingt Iqbal de groei van dit zelf, deze bewaker van het heelal, dit innerlijk geheim van het leven *(BJ)*. Uit heel wat beelden schijnt een sterk subjectivisme naar voren te komen, maar men mag daarbij niet vergeten dat achter deze beelden altijd het onwankelbaar geloof in de grote Ik, in God staat. In die verzen, vooral in *Zabūr-i ᶜajam,* verschijnen ruimte en tijd, hemel en aarde slechts als mogelijkheden, als projecties van het zelf:

Zijn en niet-zijn komen voort uit mijn zien en niet-zien;
Uw licht en uw vuur komen voort uit mijn rozenkrans en mijn ketter-riem,

zoals een klassiek contract het kan uitdrukken, of ook:

Wat is de wereld? De beeldenwand van mijn denken...
Niet-zijn en zijn is slechts mijn niet-zien en zien.
Waar tijd? Waar ruimte? Ze zijn in het spoor van mijn denken. *(ZA)*

Ze worden enkel 'aangenomen', zoals vroegere Soefi dichters, vooral de mystieke denker Mir Dard (Delhi, 18de eeuw), reeds zeiden. De ware gelovige, de *qalandar* of 'vrij rondzwervende derwisj', zoals Iqbal het graag zei, is "niet iemand op wie de dagen rijden. Hij rijdt op de dagen" *(ZK)*. Hij vergelijkt het zelf met een jager die niet voor klein wild, maar voor de zon en de maan zijn valstrikken spant. Als hij zich in de eenzaamheid terugtrekt, om met God te spreken, worden ruimte en tijd zijn buit *(ZA)*. In de woestijn van zijn waanzin is zelfs Gabriël een waardeloze buit *(PM)*, of ook Isrāfīl, de engel van de opstanding *(ZK)*:

Het oog van de sperwer geeft niet om een duif -
De vrome aast op Gabriël en de cherubijnen! *(ZK)*

Hiervoor kon Iqbal een vers van Rumi citeren:

Onder de kantelen van Gods macht *kibriyā* staan mannen van God,
die op engelen jagen, profeten als jachtbuit hebben en God vangen.

In de *Boodschap uit het Oosten* staat zelfs dat men Gabriël als een afgerichte vogel op de hand kan plaatsen! Eens heeft Iqbal hieraan een belangrijke variante toegevoegd:

Je eenvoudige buit zijn de engelen en de Hoeri's,
als je de valk bent van de Heer van het *laulāka. (BJ)*

De Heer van het *laulāka* is de Profeet, aan wie God zei: *"Laulāka",* of 'als jij er niet was', had ik de hemelen niet geschapen. Bijgevolg, wie zich geheel aan Hem toevertrouwt, kan zelfs de hele wereld veroveren, zijn zelf is (zoals vroeger ᶜAlī) de "leeuw van de Heer die de wereld verjaagt".

De eigenlijke buit, zoals ook blijkt uit het vers van Rumi, is in feite God. Het niet te bevredigen verlangen naar een direct contact met het Absolute, brengt het zelf ertoe zich met goddelijke attributen te versieren en zo God op een of andere manier in zich op te sluiten (zie de inleiding op *Asrār*). In de *Lectures* spreekt Iqbal van het "Oneindige dat in de liefhebbende omarming van het eindige binnentreedt". Dit verwijst naar een woord van God dat mystici graag citeren, maar dat niet in de Koran voorkomt: "Hemel en aarde kunnen Me niet omvatten, maar het hart van Mijn liefhebbende dienaar omarmt Me." Hierdoor is ook Iqbal tot één van zijn mooiste *ghazal*s in de *Boodschap uit het Oosten* gekomen:

Uw thuis is niet in de Kaaba, en Gij komt niet in de tempel -
Gij komt naar het hart dat zo vol is van verlangen!

Deze ervaring kan eigenlijk niet worden uitgesproken, kan niet logisch worden doordacht en wordt alleen gegund aan hem die liefheeft. Dit wordt vooral behandeld in *Nieuwe rozenhaag van geheimen*:

Het is niet mogelijk dat een zelf past in een zelf;
maar dat het de essentie van het zelf is voor een zelf,
    dat is volmaaktheid.

Dit betekent dat het goddelijke Zelf zich als meest inwendige kern, als eigenlijk wezen van het menselijk zelf manifesteert. Beide hangen van elkaar af:

Niet Hij zonder ons, niet wij zonder Hem - wat is dat?
Scheiding is voor ons scheiding in vereniging.

Tot in de verzen van zijn laatste jaren wordt deze paradox van het zelf - bereiken en niet-bereiken, verwijdering en vereniging - nadrukkelijk beschreven.

Hier vinden we ook het grote verschil tussen Iqbals begrip *khudī* en de volmaakte mens aan de ene kant, en Nietzsches *Übermensch* aan de andere kant: Leven met, zelfs door God is de wezenlijke voor-onderstelling en niet leven 'als God dood is'.

Hier situeert zich een centraal thema van Iqbals dichtwerk. Vanuit de veronderstelling, onbegrijpelijk voor het intellect, dat 'het zelf moet verlangen naar God en God moet verlangen naar het zelf' *(ZA)*, volgt dat het gebed in al zijn vormen een belangrijke plaats inneemt in Iqbals werk. Een lang artikel is eraan gewijd in de *Lectures*:

Als een streven naar kennis gelijkt het gebed op de reflectie. In zijn hoogste vorm echter is het gebed veel meer dan abstracte reflectie. Zoals de reflectie is het ook een methode van assimilatie. In het gebed echter is het assimilatieproces zeer geconcentreerd en bereikt aldus een hogere kracht die aan het pure denken onbekend is. Bij het denken volgt de geest het functioneren van de werkelijkheid en gaat dat achterna. Bij het gebed daarentegen geeft de geest zijn rol van zoeker naar een universalisme op en verheft zich hoger dan het denken, om de werkelijkheid zelf vast te grijpen. Zo wordt de geest een bewuste deelnemer aan zijn leven. Daarin moeten we niets mystisch zoeken. Het gebed als methode van geestelijke verlichting is een natuurlijke daad, waardoor het kleine eilandje van onze persoonlijkheid zich plots geplaatst voelt in een groter levensgeheel...

Iqbal gaat ook dieper in op de vraag over gebedshoudingen en hij beklemtoont het belang van gemeenschappelijk gebed. Immers, de "geest van elk waar gebed is sociaal".

Het verwondert dan ook niet dat vele gedichten van Iqbal echte gebeden zijn. Spreken met God was een belangrijke aangelegenheid voor hem. Het is toch zo, dat precies de gebedsoproep *Allāhu akbar* of 'God is groter (dan alles)' erop wijst dat Hij het allesomvattende Zelf is. Wie deze woorden met de juiste ingesteldheid uitspreekt, staat boven elk ritueel:

Waarom vraagt Gij het gebed van liefhebbenden?
Ik vraag naar een mysterie, dat diep vertrouwd is!
De gloed van de kreet: "God is de grootste!"
heeft geen plaats in de vijf dagelijks gebeden! *(AH)*

De gebedsoproep is het geschenk van de gelovige moslim aan de wereld. Hij weergalmt in het ganse leven, zoals is beschreven in *Asrār*.

In zijn *Lectures* heeft Iqbal het belang van de fysische houding bij het gebed onderstreept en psychologisch verklaard, en in zijn gedichten heeft hij de lichamelijke houdingen beschreven als geestelijke toestanden: als hij zich neerbuigt ervaart de mens de heerlijkheid van zijn positie als dienaar van God, en in het opstaan is de heerlijkheid van Gods glorie, *kibriyā* weerspiegeld *(AH)*. Gebed zonder inwendige liefdesgloed hoort niet bij de gelovige, maar bij planten, stenen en zielloze theologen:

Steeds klinkt de kreet: "God is groot" in de hemelen -
Op aarde alleen gebeden en litanieën.
Het ene is de weg van de zelfbewuste helden;
Het andere is de weg van priesters, planten en stenen. *(ZK)*

Het gebed van de zwakken doet zelfs de gebedsnissen glinsteren *(ZK)*.

Het waren echter geen gebeden van een zwakke die Iqbal tot God richtte. Zijn meest hartstochtelijke verzen zijn gebeden van verzet. Dit is een gebedsvorm die ook bij de klassieke Soefi dichters bekend was. Immers, een oude Soefi uitspraak zegt "dat er tussen verliefden geen schroom bestaat". De mens wil iets anders:

God sprak: "Nu is het zo! En zeg niets anders meer!"
Adam zei: "Ja, zo is het, maar het zou anders moeten! *(ZK)*

Het *Gesprek tussen God en Mens* in de *Boodschap uit het Oosten* is een van de meeste geciteerde stukken van Iqbal. God vermeldt de positieve aspecten van Zijn schepping en beschuldigt de mens ervan alles verknoeid te hebben. De mens echter, zoals de Prometheus van Goethe, heeft ook een lijstje te bespreken:

God:
Uit *één* handvol stof heb ik de wereld geschapen -
Jij hebt Iran en de Turken voortgebracht!
Ik schiep uit aarde het zuivere staal -
Daaruit heb jij het zwaard, pijlen en wapens gemaakt!
Jij maakte de bijl om takken af te hakken,
en de kooi om vogels in te vangen!

Mens:
Gij schiept de nacht, maar ik maakte de lichtende lamp:
Gij schiept de toon, maar ik maakte de trommel voor de dans;
Gij schiept de woestijn, de steppe, de bergen -
Ik maakte de wegen en tuinen.
Ik kan uit steen een spiegel scheppen!
Uit gif kan ik geneesmiddelen maken!

Is de mens dan schuldig als het in de wereld verkeerd gaat? En wat zou God zonder hem kunnen doen?

Als de sterren verkeerd gaan lopen,
is de nacht van mij of van U?
Moet ik instaan voor de wereld?
Is de wereld van U of van mij?
Als deze wereld zonder plaats
geen stormachtige verlangens meer heeft,
Wie is dan schuldig? Is de wereld

zonder plaats van U of van mij?
Hoe kon Satan zich verzetten
  in het allereerste begin?
Verklaar, zeg het! Wiens vertrouweling
  was hij toen? Van U of van mij?
Mohammad en de engel Gabriël
  en de Koran zijn van U -
Maar van welke tolk zijn de zoete en
  vriendelijke woorden? Van U of van mij?
Door de lichten van deze aarde
  wordt Uw wereld verlicht -
Als de mens zou verdwijnen, voor wie zou
  het spijtig zijn? Voor U of voor mij? *(ZK)*

De mens is als een stadhouder voor God en dat, zo schrijft Iqbal in zijn *Lectures,* getuigt van Zijn vertrouwen in dit zwak en feilbaar schepsel. Maar de mens moet op aarde dan ook iets presteren en Iqbal roept zijn Schepper toe:

Waarom hebt Gij mij weggejaagd uit de tuin van het paradijs?
De arbeid op aarde duurt nog lang - wacht toch op mij! *(BJ)*

Deze nuttige activiteit is, zo stelt Iqbal vast, op zichzelf reeds een gebed, zoals ook elk zoeken naar kennis een soort gebed is: "De wetenschappelijke vorser is in zekere zin een mystieke zoeker die aan het bidden is" *(Lectures).* In een vroeger artikel, *Self in the Light of Relativity,* in:*Crescent,* Lahore, 1925, beweert hij dat de mens in grote daden met God verenigd wordt, zonder zijn identiteit te verliezen. Immers, "daden zijn de hoogste vorm van contemplatie".

Iqbal stelt niet alleen dat de mens zijn scheppende mogelijkheden ten volle aanwenden moet om, door in de wereld te werken, God te benaderen. Hij waagt het zelfs uit het vers van de Koran "God is de beste Schepper" (Sura 23/14), te besluiten dat er dus naast Hem ook nog andere scheppers moeten zijn.

Dit inzicht, en trouwens heel het denken van Iqbal, brengt een volledig nieuwe invalshoek op de vraag van de predestinatie. Rudolf Eucken wees erop dat de werkelijkheid een opdracht is en Iqbal probeert telkens opnieuw erop te wijzen dat de mens zijn lot niet als een boei mag ervaren. Reeds in de middeleeuwen hebben islamitische denkers erop gewezen dat het begrip van blinde voorbestemming een excuus is voor huichelaars en zwakkelingen. Een mooi voorbeeld is het verhaal in Rumi's *Mathnawī* en in *Fīhi mā fīhi*: een man stal fruit uit een tuin 'volgens Gods Raadsbesluit' -zo dacht hij- en even later werd hij, met de stok van Gods Raadsbesluit, door de tuinman afgeklopt. Hoe kan je een zonde aan God toeschrijven? *Takdīr* of 'bestemming' bindt planten en stenen, de ware gelovige wordt alleen door Gods geboden gebonden *(ZK)*. De schepping heeft in God oneindig veel mogelijkheden en het is de taak van de mens zich van dit lot te bedienen. Als Goethe schrijft: 'Onze wensen zijn slechts voorboden van datgene dat we in staat zijn om te doen', zal Iqbal deze idee verder ontwikkelen in zijn *Lectures*. Hij schrijft: "Plannen hebben niet alleen invloed op onze huidige bewustzijnstoestand, maar onthullen ook zijn toekomstige richting". Hij stelt dat het bewustzijn zich slechts hoger kan ontwikkelen volgens de maat van zijn eerste plannen. "Een os kan geen vleugels krijgen", schreef Rumi ooit. Aangezien echter alle activiteit vrij is en openstaat, kan er zich ook in het basispatroon veel wijzigen. Als de mens verandert, krijgt hij ook een ander lot. Steun uit de Koran kreeg hij hiervoor in Sura 13/12, dat een voorkeurvers is van de modernisten: "Het lot van een volk verandert niet, tenzij het volk zichzelf verandert". In de *Lectures* wijst hij op deze vooruitschrijdende verandering, op voorwaarde dat de mens het initiatief neemt: "De mens is zijn eigen lotbeschikking", schrijft hij in *Misāfir*, en "als hij anders voelt en handelt, verandert ook de wereld". Dit wordt duidelijk aangeduid in de *Nieuwe rozenhaag* en in het *Boek der eeuwigheid*. Hierop verdergaande kan de dichter de volgende dappere, voor oningewijden godslasterlijke verzen schrijven in *Zarb-i Kalīm*:

Schrijf je toekomst met je eigen pen,
De pen van God heeft je voorhoofd vrijgelaten.

('Lot', in moslim talen, is 'dat wat op het voorhoofd geschreven is'. Zie een gelijkaardig vers in *AH*). Het veelvuldig geciteerde vers is nog sterker:

Maak je 'zelf' sterk, zodat voor elk besluit
God de dienaar zelf vraagt: "Wat zou je aangenaam zijn?" *(BJ)*

Hiervoor moet je wel de toelichting lezen die hij in een brief van 1936, juist na het verschijnen van *Bāl-i Jibrīl,* schrijft: "Als de goddelijke schikkingen zo diep in ons zijn binnengedrongen dat het zelf geen eigen neigingen en strekkingen meer heeft en alleen aanstuurt op Gods welgevallen, dan komen we tot een toestand die de grote Soefi's 'ontwording' *(fanā)*, of anderen 'blijven' *(bakā)* hebben genoemd. Wat Iqbal hiermee precies bedoelt, kunnen we begrijpen vanuit een brief die hij 20 jaar vroeger schreef: "Ik bescherm elk zelf dat uit ware zelf-loosheid naar voren treedt, d.w.z. dat een resultaat van een 'wegtrekken naar God toe' is"... Dit beduidt dat het lot zich kan veranderen als de menselijke wil zich volledig met de goddelijke wil heeft verenigd, als God en mens, het grote en het kleine zelf op dezelfde golflengte zitten:

> Je gebed zal je toekomst niet veranderen,
> Maar misschien kan het jezelf veranderen!
> Als in jezelf de grote verandering begint,
> Is het niet verwonderlijk dat ook de wereld verandert.
> Voor altijd blijft de wijn bestaan, en de betoverende roep,
> Maar de kroeg en de schenker zullen veranderen.
> Je gebed: dat je wens moge worden vervuld -
> Mijn gebed: dat je wens zou veranderen! *(ZK)*

Zo kan de dichter op een andere plaats zeggen:

> Herstel deze negen hemelen!
> Herstel de wereld volgens je wens!
> Als dat geschiedt volgens het welgevallen van God,
> Wordt de gelovige slaaf veranderd in een goddelijk raadsbesluit. *(Pas)*

Als het zelf nader en nader komt bij het meest vrije zelf, God, -zo lezen we reeds in de inleiding op *Asrār-*, wordt zijn immer groeiende vrijheid meer en meer gerealiseerd. De toekomst is een open mogelijkheid:

> Het universum is nog niet volmaakt,
> Want nog steeds klinkt de roep: "Het worde! en het wordt". *(BJ)*

In de *Lectures* beweert Iqbal dat 'tijd' als organisch geheel in de Koran, als *takdīr* of 'bestemming' beschreven wordt. Dit geeft de mens onvermoede mogelijkheden. Op het einde van zijn leven schreef hij dat *takdīr* een andere naam is voor de beloning voor daden *(AH)*. Dit kan dan weer zo opgevat worden dat alleen degene die zijn zelf volgens de voorwaarden van de dynamische liefde gesterkt heeft en in die mate ook handelt, dat die persoon ook zelf zijn lot in handen heeft.

Om de krachten van het zelf te realiseren is vooral die kracht nodig, die Iqbal *išk* of 'liefde' noemt. (In de *Rozenhaag van geheimen* gebruikt Iqbal voor liefde nog het klassiek Arabische woord *mahabba,* dat minder 'dynamisch' is). Voor hem is *išk* een breder concept: het is niet alleen de liefde die alle grenzen verzet en overstroomt, maar eerder een *élan vital.* Het is het element dat synthese brengt, dat aan de zoekenden heimwee en tegelijk visie biedt, en zo het belangrijkste element van het ware leven is. In *Asrār* lezen we: "Als het zelf door liefde gevormd is... wordt zijn hand de hand van God, de maan wordt door zijn vingers gekliefd". Hiermee verwijst hij opnieuw naar de rol van de profeet als belichaming en model van de dynamische liefde, de profeet over wie de Koran schrijft: "Jij gooide niet toen je gooide" (Sura 8/17). De profeet ook die met zijn vinger de maan zou hebben gekliefd, zoals in het begin van Sura 54 werd verklaard.

Deze liefde is een niet te verzadigen heimwee, een onvoltooid en nooit eindigend zoeken, een onblusbare brand. Enkel en alleen door dit heimwee kan het 'zijn' vorm krijgen:

Waar ligt de oorsprong van ons wakende oog?
De drang om te zien heeft onze blik gemaakt.
De fluit was verheugd; uit het riet gesneden
bevrijdde ze de melodie uit de kerker. *(AK)*

En bij *Asrār* noteert hij: "Licht veranderde in een cirkel, tot het een oog werd". Alleen door dit rusteloos zoeken, door te streven naar het hogere, kan het zelf zich realiseren. We denken ook aan Goethe:

Kunnen wij hem bevrijden
die voortdurend blijft streven?

Als Iqbal ook aan dit vers van Goethe gedacht zou hebben, is voor hem deze 'verlossing' *(Erlösung)* niet te begrijpen in de gewone betekenis, maar eerder als een verlossing van de banden van de tijdelijkheid, een overwinning op de grenzen van tijd en ruimte. De zoekende rust immers nooit. Als hij de weg op deze aarde doorlopen heeft, begint de weg naar de hemel, zoals de valk altijd nieuwe horizonten voor zich ziet. Voor hem heeft de hemel altijd nieuwe sterren.

Terecht heeft één van de eerste biografen van Iqbal hem *The Ardent Pilgrim* of 'De vurige pelgrim' genoemd. Het beeld van 'de bedevaart van het leven' is gemeengoed bij alle godsdiensten. In de christelijke vroomheid is het de tocht naar het hemelse Jerusalem, bij de Perzische dichters en vooral bij Rumi, bij de Indiër Bedil en in Sind bij Shah ʿAbdul Latīf gaat het over de eindeloze reis naar de tegenwoordigheid van de goddelijke Geliefde. Bij Iqbal is het motief tweevoudig: hier op aarde moet de karavaan der zielen uit de geurende rozentuin van Iran wegtrekken naar het woestijnzand van de tocht naar Mekka, het centrum van het moslim leven. Hierbij kunnen Iqbals liederen behulpzaam zijn, want hij is de karavaanbel, die zijn landgenoten op het rechte pad moet houden. Op een ander niveau echter gaat de trektocht over de dood heen naar de eindeloze diepte van God: Hem aanschouwen is "Groeien zonder vermindering" *(J)*. Hier bevindt Iqbal zich natuurlijk in de traditie van de mystiek en we denken aan Meister Eckhart, aan de middeleeuwse al-Ghazzālī die in het hoofdstuk 'Liefde en Heimwee', in zijn groot werk *Herbeleving van de Wetenschappen door de Religie,* de eindeloze ervaringen beschrijft van de persoon die God in liefde heeft gevonden. We denken ook aan ʿAttār die op het einde van *Mantik ut-tair* of 'Vogelgesprekken' zegt dat op het einde van de reis *naar* God, de onbeschrijfelijke reis *in* God kan beginnen. Dit gelijkt sterk op het vers van Rumi dat door Rückert verder uitgewerkt werd:

Alleen het eeuwige verlangen
kan de eeuwige schoonheid benaderen.

Dit betekent ook dat de dood van het lichaam geen onderbreking moet zijn van de opwaartse ontwikkeling.

De dood is voor vrije mensen
één van de treden van het leven. *(Pas)*

Daarom vraagt Iqbal:

Wat geeft het als *één* wereld voor mijn ogen wegdrijft?
In mijn hart zijn nog duizend werelden. *(PM)*

Wie zijn 'zelf' gesterkt heeft kan, zo denkt Iqbal, ook de schok van het overlijden overwinnen. Hij verlangt zelfs naar de poort voor verdere ontwikkelingen. Reeds in 1910 had Iqbal genoteerd in zijn dagboek:

Aangezien 'persoonlijkheid' het kostbaarste bezit is van de mens, moet hij
dat als hoogste goed aanduiden...
Als wij een levensvorm aannemen die bedoeld is om de persoonlijkheid te
versterken, vechten we inderdaad ook tegen de dood. Deze schok kan de
organisatie van krachten oplossen, die wij persoonlijkheid noemen. Zo ligt
de persoonlijke onsterfelijkheid in onze eigen handen, maar het vergt een
inspanning om de onsterfelijkheid van de persoon veilig te stellen...

Hij was er zich goed van bewust dat deze "onbedacht geschreven idee ver-
reikende gevolgen" kon hebben. Dit citaat had hij ingeleid met de zin: "Persoonlijke onsterfelijkheid is geen toestand, maar een proces". Later heeft hij
deze idee verder uitgewerkt en in *Asrār* geschreven dat de mens in feite
slechts een mogelijke kandidaat daarvoor kan zijn. Deze idee is voor
orthodoxe moslims in geen geval verenigbaar met de uitspraken in de Koran
over dood, opstanding en oordeel. Maar, zegt Iqbal, hemel en aarde zijn geen
plaatsen, doch alleen beelden bedoeld om te verduidelijken. Het zijn toestanden, tuchtmiddelen om het zelf voor de genade ontvankelijk te maken.
De hel is dan het pijnlijke inzicht dat men als mens gefaald heeft, en het
paradijs is de vreugde van de triomf over de krachten van de afvalligheid. In
zijn artikel over het hiernamaals, in de *Lectures,* merkt Iqbal op dat de hemel
geen vakantieoord is *(Heaven is no holiday),* maar een verder groeien in
liefde.
Bij deze voorstelling van de noodzaak om geestelijke energie te verwerven,
was Iqbal wellicht, bewust of onbewust, beïnvloed door Goethe die op 11
februari 1829 aan Eckermann zei: "De overtuiging van ons voortleven ontstaat uit het begrip van het 'doen'. Als ik tot het einde rusteloos werk is mijn
natuur verplicht om mij een andere vorm van 'zijn' te geven, indien de huidige vorm mijn geest niet meer kan behouden". Iqbal verzette zich hevig tegen de 'mystieke' dromen van een oplossing van het zelf in de eindeloze
oceaan, van een zich verliezen in een ongedefinieerd *nirvān.* In die periode
waren ook de Zweedse bisschop en arabist Tor Andrae met deze ideeën bezig. In zijn boek *Die letzten Dinge* verklaart hij dat 'eeuwig leven' een persoonlijke deelname van de mens aan het goddelijke is, een waar levensproces

dat niet altijd even pijnloos verloopt, omdat een statische, gevoelloze toestand niet als leven kan worden gezien.

Tot op het einde van zijn leven heeft Iqbal zich met deze vraag beziggehouden. In één van zijn laatste gedichten beschrijft hij de klacht van een graf dat de dode die erin ligt -en geen verrijzenis kent (typisch voor Iqbal)- alles zo donker maakt *(AH)*. De persoon die geen scheppend heimwee heeft om het 'zelf' te versterken, is geen waar mens meer; hij realiseert de hel reeds hier. Het zelf kan alleen herkend worden "door het brandmerk van het licht", het scheppend verlangen naar liefde (zie *Zabūr-iʿajam*). Tot op het einde riep Iqbal: "Moge de weg van het hunkeren nooit eindigen", hoewel de nooit beantwoorde vraag blijft:

Ben ik het doel van alles - wat is er aan de andere kant?
Was is het eindpunt van mijn steeds hernieuwde streven?
(AH, laatste lijnen)

Nochtans zien we overal in zijn werk de verrukking, de grote vreugde voor de nooit eindigende reis:

Ik ben zo bedwelmd door het genot van de reis -
De stopplaats is enkel een steen op mijn pad!

Dit lezen we in de *Boodschap uit het Oosten*, waarin Iqbal het eeuwige zoeken, het twijfelen en niet-bereiken als positieve waarden beschrijft:

Ik verkoos de twijfel boven de zekerheid -
Ik ben een martelaar van het eeuwig zoeken! *(PM)*

Dit kunnen we vergelijken met het vers van R.A. Schröder:

Ik wil eigenlijk nooit zo dicht bij U zijn dat
ik niet meer naar U kan verlangen -

Dit is een gevoel typisch voor de profetische religiositeit. Deze manier van mens-zijn, vol hunkering, was voor Iqbal het hoogste geluk. Hij zou niet graag God zijn, omdat hij dan niet zou kunnen genieten van de scheppende hunkering: "Mens zijn, dienaar zijn is hartzeer, maar dit God zijn veroorzaakt koppijn" *(BJ)*. Anderzijds zijn er ook zeer mooie verzen over de hunkering van God. Hij kent de wederkerigheid van de hunkering. Wellicht klonk Rumi's, later door hem veel geciteerde, vers:

> Niet alleen de dorstigen zoeken het water -
> Ook het water zoekt de dorstigen!

hem in de oren toen hij schreef in *Zabūr-i ͨajam*:

> Wij zijn verdwaald - God zoekt ons,
> want wij zijn van Hem weggegaan,
> Net zoals wij is Hij vol verlangen
> en in Zijn wens gevangen.
> Dikwijls schrijft Hij Zijn boodschap neer
> op de bladeren van de tulp,
> Dikwijls hoorden wij Hem roepen,
> toen de vogels floten in de tuin.
> Hij verblijft in het oog van Narcissus
> Om onze schoonheid te kunnen bekijken;
> Zo betoverend dat de blik
> het spreken evenaart.
> Het zuchten dat Hij uitademt
> in de morgen, van ons gescheiden,
> Binnen, buiten, boven, onder -
> geheel de wereld kan het bevatten!
> Hij schiep onrust en opwinding
> om het mensenkind te kunnen zien -
> Hij schiep de blik, om geuren en kleuren
> te kunnen zien.
> In elk atoom is Hij verborgen,
> maar wij kennen Hem niet.
> In paleizen en steegjes verblijft Hij,
> klaar als het maanlicht is Zijn pracht.
> Ach, in het stof ging voor ons verloren
> het juweel van het leven:
> Is Hij het, zijn wij het zelf,
> dat juweel waarvoor we schrik hebben?

Alle mogelijkheden tot ontwikkeling liggen in de mens en daarom waarschuwt de dichter zijn lezers:

Wissel je menselijkheid niet uit voor Gods almacht!

Traditioneel wordt gedacht dat de mens hoger staat dan de engelen omdat zij geen mogelijkheid tot vrije beslissing hebben en van nature zonder smet zijn. Met deze idee laat Iqbal de engel Gabriël er zijn spijt over uitdrukken dat hij de hunkering niet kent. Als Gabriël de *Rozenhaag van geheimen* zou lezen, zou hij terstond God smeken dat hij scheiding en verlangen zou mogen ervaren. Niettegenstaande zijn hoge positie heeft de aartsengel immers niet de kennis van God die de mens heeft. De mens kan in het gebed zonder sluier met God spreken.

Nauw verbonden met deze liefde die het zelf versterkt, zien wij bij Iqbal de notie van *faqr* of 'armoede'. Het is natuurlijk niet de armoede die de mens ellendig maakt, maar de armoede van de mens die zich volledig overgeeft aan de eeuwig-rijke God. Daardoor wordt hij machtiger en rijker dan alle vorsten. Het is de armoede waarover de Profeet zei "Mijn armoede is mijn trots", en die "in zich een volle maan draagt als de bleke en magere, nieuwe maan" *(PM)*. Deze armoede mag in geen geval vergeleken worden met bedelarij. Bedelen en vragen verzwakt het zelf, en is daarom een grote zonde. Iqbal heeft deze 'armoede', die synoniem is voor 'liefde', gesteld tegenover 'wetenschap' en 'intellectuele activiteit':

Wetenschap is de rechtsgeleerde en de filosoof,
    armoede is de Messias en Kalīm (Mozes),
Wetenschap zoekt de weg, armoede wijst de weg, *(BJ)*

of verder:

Armoede is het uitgangspunt voor de contemplatie,
    wetenschap is het uitgangspunt voor de kennis.
In armoede wordt de roes nagestreefd,
    in wetenschap wordt de roes gemijd. *(BJ)*

Deze armoede wordt soms verzinnebeeld in Salmān, de gezel van de Profeet, en vergeleken met de armoede van Salomon. "In de armoede van die arme bevindt zich de geur van *Asad Allāhī*. Die armoede is beter dan Darius en Alexander" *(BJ)* - *Asad Allāh*, of 'de leeuw van God', is een naam voor ʿAlī, de dappere schoonzoon van de Profeet. De vroegere Soefi's beweerden: "Als armoede volkomen is, wordt ze God". Dit is, als de mens niets meer heeft van zichzelf waarop hij kan vertrouwen, leeft hij volkomen uit de on-uitputtelijke schat van het eeuwig rijke. Zelfs als Iqbal het waarschijnlijk niet volledig eens was met de formulering van dit oude gezegde, gelijkt zijn begrip *faqr* er toch sterk op, als een eigenschap die naar God voert.

Ook al gebruikt Iqbal hier, zoals op vele andere plaatsen, citaten uit de Soefi literatuur, hij had weinig sympathie voor de Soefi's van zijn tijd. Hij was wel bevriend met Hasan Nizāmī, de actieve *pīr* van het schrijn van Nizāmuddīn Auliyā (overleden in 1325) in Delhi, zoals duidelijk blijkt uit zijn brieven, maar:

Bij de Soefi's is er niet meer de gloed van het verlangen - Alleen nog verhalen over wonderlijke daden. *(BJ)*

Inderdaad, in de loop van de eeuwen had het Soefisme zich ver verwijderd van zijn dynamische, uitdagende oorsprong. Door de stichting van allerhande broederschappen had de invloed van de mystiek in de islam zich overal wel verspreid, maar de inhoud was fel afgezwakt. De leer van ʿIbn Arabī over de transcendente eenheid van het zijn -soms verkeerd begrepen- beheerste de literatuur. De lyrische gedichten die op schitterende wijze liefde en wijn be-schreven, deden bij de orthodoxen de Soefi's als zeer libertijns voorkomen. Daarbij kwam nog dat heel wat gebruiken bij de moslim schrijnen, soms on-der de invloed van volks hindoeïsme, weinig geestelijk of stichtend waren. Iqbal had veel eerbied voor de hervormer Shāh Walī Allāh van Delhi (over-leden 1762), die zeker door de mystiek getekend was. Hij beweerde dat een bezoek aan het graf van een heilige al even heidens was als vroeger de ver-ering van de pre-islamitische godinnen Lāt en Manāt. Verder vond hij dat de boeken van de Soefi's slechts nut hadden voor een kleine kring van inge-wijden, maar "voor de massa dodelijk gif waren". Dergelijke ideeën vonden goede weerklank bij Iqbal, in zijn veroordeling van de gevaarlijke 'mystieke' lyriek van dichters als Hafis.

Het woord *sufi* was vroeger een eretitel, maar werd in de loop der eeuwen een scheldwoord. Verscheidene grote, mystieke leiders uit de 18de eeuw lieten niet toe met deze titel te worden aangesproken. Tot in zijn latere werken heeft Iqbal zich heel negatief over de Soefi's uitgelaten. Zijn die mystieke leiders, Pir, die hun ambt niet verworven maar geërfd hebben, niet als "kraaien in een arendsnest"? Hij stelde zelfs dat 'Pīrisme' als macht van 'geestelijke' leiders over hun meestal ongeletterde volgelingen en hun rol "om de mensen dom te houden", één van de grootste gevaren was voor de islam, vooral dan in het Indiase subcontinent. Met bittere spot schrijft hij over het materialisme van veel Soefi volgelingen:

> Een leerling, uitgehongerd, zei tot zijn leraar:
> "God kent ons niet, wat U ook wilt zeggen!
> Hij is ons meer nabij dan onze halsslagader (Sura 50/16)
> Maar zo nabij als onze maag is Hij niet." *(AH)*

Dit soort armoede, die de mens verzwakt en vernedert, preekt Iqbal niet. Het is de armoede van de *nihil habentes omnia possedentes* (niets hebben, alles bezitten). Verder is ook de verdraagzaamheid die hij als heel belangrijk voorstelt voor de versterking van het zelf, niet uit zwakte geboren. Het is geen moedeloze aanvaarding van onveranderlijke toestanden, maar eerbied voor het zelf in andere mensen. De ware gelovige, de *mard-i momin,* is naar het evenbeeld van God geschapen en moet proberen zich de eigenschappen van God toe te eigenen. Daarom moet hij ook beide eigenschappen in zich realiseren, *jalāl* en *jamāl* of 'macht, hardheid' en 'schoonheid, mildheid': hij is bloemeknop en steen, en:

> Onder vrienden is de vrome zacht als satijn,
> In de strijd om de waarheid is hij hard als staal! *(ZK)*

Niet alleen bedelen en vragen, maar ook slavernij (in tegenstelling tot Godsdienst) belemmeren de ontplooiing van het zelf. Alleen verkeerd geleide mensen vallen daarvoor:

> Nooit zag ik een hond de kop buigen voor een andere hond! *(PM)*

Op dezelfde manier moet blinde nabootsing, *taqlīd* worden vermeden. Dit verwijst niet alleen naar de eeuwenoude herhaling van zeden, rechtsgebruiken en tradities binnen de islam, maar ook naar de imitatie van niet-moslim gewoonten. Iqbal heeft voortdurend tegen beide soorten gepreekt. Hij waarschuwt zijn toehoorders:

Word niet als een spiegel, die zijn waarde verliest door de
schoonheid van anderen...
Leer in deze wereld je eigen vleugels openslaan.
Je kunt immers vliegen, vogel, maar niet met de
veders van anderen! *(PM)*

Het is belangrijker een eigen werk te creëren, beter dan zich bij anderen aan te sluiten, zoals we lezen in *Tulpen van de Sinaï*:

Hak met je eigen bijl je pad vrij,
Het is strafbaar op de weg van een ander te stappen.
Schep met je eigen hand je eigen meesterwerk -
Al is het een zonde, het wordt je tot zegen.

Heeft ook de Profeet niet een voorbeeld van zelfstandigheid gegeven, toen hij zich bevrijdde van de boeien van het verleden:

Als naäpen de goede weg zou zijn,
Dan zou de profeet het pad van de voorvaderen hebben gevolgd!

Dit zijn de laatste woorden uit de *Boodschap uit het Oosten*.

Zoals bij Rumi, staat ook bij Iqbal de dynamische, scheppende liefde tegenover het intellect. Dit is wel geen echt negatieve eigenschap, want ook het intellect is noodzakelijk om de orde in de wereld te bewaren. Het is de pedante onderwijzer of wegbereider, die niet in staat is om in het innerlijkste heiligdom binnen te treden. Langzaam en overleggend, met honderd bedenkingen voortstappend, moet het intellect aan de poort van het koninklijk paleis blijven staan. Het denkt aan het verleden, zoekt in oude handschriften. Het duikt, zoals in de psycho-analyse, naar de diepten van het onbewuste begin en zoekt zekerheid, terwijl de liefde zich overgeeft aan de aantrekkingskracht van de schoonheid, aan het vuur van de ultieme geliefde:

Verward vraagt Abu ʿAlī: "Vanwaar ben ik gekomen?"
Rumi vraagt zich alleen af: "Waar ga ik nu naartoe?" *(BJ)*

In dit vers met Abu ᶜAlī Avicenna geïdentificeerd, scheurt het intellect zich los van zijn goddelijke oorsprong. Het wordt duivels, zoals de duivel niet in staat was om in de kleien vorm van Adam de goddelijke vonk te herkennen, omdat hij alleen de materie en niet de geest zag. Dit soort intellect verstoort de wereld:

Liefde is Mustafa (= Mohammad), intellect is Abu Lahab, (de aartsvijand van Mohammad, die in Sura 111 van de Koran wordt vervloekt). *(BJ)*

Iqbal verwijt voortdurend aan het Westen dat dit duivelse intellect hier over-beklemtoond wordt. Een wereld die het absolute referentiepunt, de klemtoon op de eenheid en overheersing van God vergeet, is overgeleverd aan de verleidingen van duivelse 'wetenschap', met name vooral de positieve wetenschap. Dit zal uiteindelijk de wereld kapotmaken. Anderzijds is er het intellect dat met liefde samengaat, in een vruchtbare verbinding van analyse en synthese, van gedetailleerde kennis en liefdevolle verrukking. Dit kan de wereld tot een paradijs maken.
We lezen in het gedicht *Wetenschap en Liefde*:

Wetenschap:
Kan allerhande geheimen doorgronden,
En tijd en toekomst in zijn handen houden!
Mijn oog beperkt zich tot deze kant,
Het interesseert me niet wat van de andere kant komt.
Honderd deuntjes speelt mijn instrument -
Ik breng op de markt wat men in het geheim kent!

De liefde:
Uw betovering verandert de zee in vlammengloed,
De lucht wordt vuur en draagt een giftige kroost!
Als je mijn vriend zou zijn, was je puur licht;
Je trok van mij weg - je licht werd gloed.
Je bent in het huis van de godheid geboren,
Maar nu ben je in het net van Satan verloren.

Kom, verander dit stof in een rozentuin,
Maak deze oude wereld opnieuw jong!

Kom, neem een korreltje van mijn hartepijn weg,
Maak de wilde hemeltent tot paradijs!
Sinds de scheppingsdag zijn we met elkaar verbonden:
Wij zijn twee stemmen van één melodie!

Het kan ons misschien verwonderen dat Iqbal zich zo sterk kant tegen het intellect: hij was immers zelf een bekwame en belezen filosoof. In zijn *Lectures* zien we zijn grote vertrouwdheid met de Europese filosofie, die hij soms gebruikt om moslim begrippen te verklaren. We moeten hier aanstippen dat kritiek op de 'filosofen', de *falāsifa,* kenmerkend was voor een bepaalde gedachtenstroming van het moslim denken. Orthodoxe moslims hebben de vroege filosofen aangepakt die door de Griekse filosofie (met vooral de eeuwigheid van de wereld) waren beïnvloed. Verder is het voor ons hier belangrijke werk van al-Ghazzālī, *Tahāfut al-falāsifa* of 'De Instorting van de filosofen', dat sterk bekritiseerd werd door bv. Sana i, de dichter van Ghazni, door Rumi en al zijn volgelingen. In deze traditie zijn filosofen diegenen, die -zoals iemand in een droom over Avicenna zei- "God willen bereiken zonder aan de Profeet waarde te hechten". Het zijn denkers zonder liefde, die geloven dat ze de geheimen van de wereld met de rede kunnen oplossen. Iqbal maakt van deze overgeleverde beelden en voorstellingen gebruik om het conflict tussen creatieve liefde en ontledend intellect te beschrijven, zoals hij ook de 'Soefi' tegenover de ware beminner plaatst.

De soms gewaagde beweringen van Iqbal over de mens, God en de wereld zijn, zoals zijn politieke en sociale ideeën, uit de Koran afgeleid, die ongetwijfeld soms zeer vrij geïnterpreteerd wordt. Het begin van zijn *Lectures* geeft ons hiervan enkele goede voorbeelden: 'nieuwe geboorte' (Sura 29/19), overwinning van de natuur (Sura 31/19; 16/13) of opstanding van de mens (Sura 84/17-20). Zijn oude bediende ᶜAlībakhsh vertelde dat, terwijl Iqbal aan het dichten was, hij geregeld de Koran liet brengen. Ook anders consulteerde hij het Heilig Boek meerdere keren per dag. De streng orthodoxe Maulana Maudūdī, die tijdens de laatste jaren van Iqbal veel met hem werkte over de interpretatie van problemen in de Koran, getuigde dat al het denkgoed van Iqbal uit het denken van de Koran is ontstaan. Hij had nooit tevoren een geleerde gezien, die zo in de Koran verdiept was als "deze M.A., Ph.D., advocaat bij de balie en onovertroffen filosoof". Hij had *fanā* of 'ontwording' in de Koran bereikt. Deze uitspraak van Maulana, die later nog

Iqbal in 1922.

politiek actief zou blijven met zijn Jamaat-i Islami in Pakistan, schijnt een betrouwbaar getuigenis te zijn. Terecht kon Iqbal in *Misāfir* zeggen:

Ik heb de parel van de Koran doorboord,
Ik heb de verklaring gegeven van het geheim van
"de kleuren van God", (Sura 2/132)

Dit verwijst naar de ultieme eenheid waarin de meest verscheiden kleuren, verschijningen en veranderingen verdwijnen.

In een brief van 1923 merkte Iqbal op dat het doel van het reciteren van de Koran o.a. een innige verbinding met het hart van de Profeet is. Daarom hoef je de Koran zelf niet te begrijpen. Het is voldoende de Koran met het hart te lezen, terwijl nu veelal alleen het verstand wordt gebruikt. Later stelt hij zelfs dat ook de grootste, klassieke commentaren waardeloos zijn als je de Koran niet zo ontvangt zoals hij aan de Profeet werd gegeven *(BJ)*.

Het was zijn hoop een commentaar op de Koran te kunnen schrijven. Daaraan wilde hij zijn laatste krachten geven, om op de dag van de verrijzenis aan de Profeet te kunnen tonen dat hij de moslims toch een dienst had bewezen. Hij zocht ook naar een boek waarmee kinderen gemakkelijk in de Koran ingeleid konden worden en dat van nut kon zijn voor zijn twaalfjarige zoon.

Wat hem in de Koran vooral fascineerde -en dat stelt hij duidelijk in zijn *Lectures-* was de dynamische houding. Het is een boek, zoals hij dichterlijk beschrijft in *Boek der eeuwigheid,* dat telkens nieuwe ontplooiing biedt; het leert die armoede die de moslim tot heer over maan en sterren maakt *(ZK);* een boek dat als doel heeft de versterking van het zelf, en daardoor tegengesteld is aan de hellenistische geest, die zich manifesteert in het Platonisme en in het "verzwakte" vroege christendom. Aangezien de Koran dynamisch is, stelt Iqbal dat bepaalde voorschriften op wettelijk gebied eventueel aangepast kunnen worden, als de tijden het vereisen: de Profeet heeft toch ook in tijden van oorlog het afhakken van de hand bij diefstal als straf veranderd (brief van 1936). Reeds vijftig jaar vroeger had Sir Sayyid Ahmad Khan gelijkaardige ideeën gepropageerd. De tegenspraak van de legalisten tegen de 'inwendige interpretatie' van het Woord van God heeft zich altijd tegen hem verzet. Aan de andere kant verzet Iqbal zich toch tegen een verandering van het familiaal recht, zoals het in Turkije was gebeurd door invoering van het Zwitsers recht.

Het is interessant hierbij op te merken dat Iqbal bij zijn interpretatie van de Koran zelden ingaat op de eschatologische Sura's. Als hij over de verrijzenis spreekt, in zijn dicht- of prozawerk, gaat het over een nieuwe beleving van het individu of van het volk (verrijzenis in overdrachtelijke zin) of over een psychologische gebeurtenis. Zelden gebruikt hij hiervoor de 'eschatologische' terminologie waarmee het Heilig Boek, zo denkt hij, geestelijke processen aanduidt. Denkend aan het laatste oordeel, zegt hij dapper tot God dat Hij zelf, bij een precieze afrekening, al even beschaamd zal zijn als de dichter *(AH)* - een opmerking die we reeds in middeleeuwse Soefi gedichten vinden, vooral in de Turkse volksmystiek.

Wat bij Iqbal vooral de nadruk krijgt in de Koran, is de leer over het verwijderen van angst en zorg, twee houdingen die de ontwikkeling van het zelf in de weg staan. Telkens opnieuw vinden we zinspelingen op Sura 10/62: "Waarlijk, de vrienden van God kennen geen angst en zij rouwen niet". Als je volledig aan God bent overgegeven, is er geen reden voor vrees of verdriet. Je weet dat je in Gods handen bent, met Hem samenwerkt en, er is niets anders buiten God waarvoor de gelovige moet of mag bang zijn. Dit zou immers betekenen dat je aan God iets gelijk stelt. Vanaf het werk *Rumūz* tot in *Misāfir* vinden we deze idee terug. Heeft men in de westerse theologie en filosofie ook niet ontdekt dat vrees de "wortel van het ongeloof" is? Voor de moslim gemeenschap is de wijsheid van de Koran als de halsslagader. Zinspelend op Sura 50/16 lezen we: zoals God bij de mens "dichter is dan zijn halsslagader", zo is Zijn woord voor de moslim gemeenschap nabij en levensnoodzakelijk. Het is hun wet en de orde van hun leven *(R)*.

Niet alleen de Koran neemt een centrale positie in en verdrijft met zijn eindeloze mogelijkheden alle zorgen en kommer, ook de Profeet, door wie het boek werd verkondigd, staat centraal in Iqbals denken. Hij wordt voortdurend vermeld, veelal met zijn eretitel Mustafa of 'de uitverkorene'. Hij beminde hem diep en innig. Dat blijkt uit hartstochtelijke gedichten aan hem opgedragen, waarin hij -zoals in *Jāvīdnāma*- het mysterie van zijn positie als *abduhu* of 'dienaar van God' beschrijft. Tevens is daar een lofgedicht, uit de inspiratie van een droom ontstaan, waarin hij smeekt om verbetering van zijn lijden. Iets gelijkaardigs zien we bij de Egyptische dichter Būsīrī, wiens *Burda* Iqbal enkele keren vermeldt. Ook hij had genezing ervaren door een droom van de Profeet. Hij leeft immers in de gemeenschap van de gelovigen:

> Wij gelijken op een roos met honderd blaadjes,
> Slechts één adem - en het wordt onze ziel. *(AK)*

Het is de Profeet die de poorten van de wereld met de sleutel van het geloof geopend heeft *(AK)*. In hem zijn beide aspecten van God, schoonheid en macht, als zonder naad met elkaar verbonden *(ZA)*, anders zou pure schoonheid slechts magie zijn. Het was immers de bedoeling van God, toen Hij de Profeet zond, om vrijheid, gelijkheid en broederlijkheid onder de mensen te brengen *(R)*. Met een dichterlijke overdrijving roept Iqbal hem aan als "zingeving voor Gabriël en de Koran" *(Pas)*. Hij is de geliefde van de Hijāz, aan wie hij zijn hart verknocht heeft *(R)* en, zoals hij twintig jaar later schreef: "Wie zich toetst aan de toetssteen van Mustafa, ervaart dat de wereld verandert". Wellicht de mooiste beschrijving van de relatie tussen de moslim gemeenschap en de Profeet vinden we in *Rumūz*, waar staat dat "liefde voor hem vloeit als bloed door de aderen van de gemeenschap".

Iqbal bezingt niet alleen de rol van de Profeet als focus van de door hem gestichte geloofsgemeenschap. Ook het feit dat hij de laatste van de door God gezonden profeten is, wordt geregeld vermeld. Daarmee wordt eveneens beduid dat ook de gemeenschap, die de laatste openbaring bezit, de voltooiende gemeenschap in de wereld moet zijn.

Het gaf ons de kans om te schenken;
Hij gaf ons de laatste beker die hij had.

In verband met het thema van Mohammed als 'Zegel van de Profeet' vinden we een zeer belangrijke passage in de *Lectures*. Bij een verkeerde verklaring kan deze tekst werkelijk gevaarlijk zijn. De Profeet schijnt er te staan tussen de oude en de nieuwe wereld. Volgens de bronnen van zijn openbaring staat hij in de oude wereld, volgens de geest van zijn openbaring behoort hij tot de moderne wereld:

De geboorte van de islam ... is de geboorte van het inductieve intellect. In de islam bereikt de profetie zijn voltooiing, omdat ze de noodzaak van haar eigen vernietiging erkent. Dat houdt de durvende erkenning in dat het leven niet altijd aan een leiband gehouden kan worden. Dat de mens die vol bewustzijn bereiken wil, tenslotte op eigen krachten moet terugvallen. De afschaffing van het priesterschap en van het verbleekt koningschap in de islam, het aanhoudend beroep op verstand en ervaring in de Koran en de nadruk op de natuur en de geschiedenis als bronnen van menselijke kennis, dit alles zijn verscheidene aspecten van dezelfde idee van finaliteit. Deze idee houdt niet in dat de mystieke ervaring, die kwalitatief niet verschilt van die van de Profeet, opgehouden heeft te bestaan. De Koran streeft naar *anfus* of 'zelf' en ook naar *āfāq* of 'de wereld' als bronnen van het weten. God openbaart zijn tekenen in de innerlijke én in de uitwendige ervaring en het is de plicht van de mens alle aspecten van de ervaring te evalueren naar hun mogelijkheid om kennis te brengen...

De intellectuele waarde van de idee van finaliteit in de profetie ligt hierin dat zij er naar streeft om een onafhankelijke, kritische houding tegenover de mystieke ervaring te ontwikkelen. Daarin overtuigt zij het geloof ervan dat elk persoonlijk gezag dat zich een bovennatuurlijke oorsprong toeëigende, in de mensengeschiedenis tot een einde is gekomen...

In dichterlijke taal wordt de uitspraak "er is geen profeet na mij" aangebracht als gordijn voor *nāmūs* of 'eer'. Analoog hiermee moeten de moslims ook uitroepen: "Er is geen gemeenschap na de onze". Er is nog een andere eigenschap van de Profeet die de gemeenschap moet overnemen: zoals Mohammed, in navolging van de Koran, als "Erbarmen voor de werelden" is gezonden (Sura 21/107), zo moet ook de door hem gestichte gemeenschap erbarming voor de werelden zijn *(R)*.

Iqbal beroept zich soms ook op het goddelijke woord, *laulāka*, dat zegt dat Hij de hemelen enkel geschapen heeft omwille van de Profeet. Als hij ergens de gelovigen 'valken van de koning van het *laulāka*' noemt, dan zoekt hij een bevestiging voor zijn aansporing "dat de wereld eigenlijk de erfenis van de gelovigen is" in het feit dat God hen omwille van de heer van het *laulāka*, dit is omwille van de Profeet heeft geschapen. Hij is de *mard-i momin* bij uitstek *(BJ)*.

Mohammed heeft als echte profeet de goddelijke wil aan de wereld verkondigd. Zodoende heeft hij de levensorde verklaard en de grenzen van het zelf gepreciseerd, zoals we lezen in een brief van 1936: als men deze wet, de *sharīʿa*, in de diepte van het hart ervaart, bestempelt hij het als *tarīqa* of 'mystiek pad'. Dit is een zeer oude definitie. Volgens zijn opinie is de *sharīʿa* assimilerend, zoals hij in de *Lectures* heeft uiteengezet. Vele jaren heeft hij gehoopt te kunnen schrijven over het principe van *ijtihād,* het vrij onderzoek in de bronnen van de wet, met name in de Koran en in de tradities van de profeet. Hij hoopte *ijtihād* te kunnen gebruiken als principe van beweging. Dat boek, dat hij sinds 1925 in zijn hoofd had, zou als titel hebben *Islam as I understand it.* We betreuren het dat hij het boek nooit heeft geschreven. Hij was vooral geïnteresseerd in de toepassing van *ijtihād* in de hedendaagse maatschappij. Dit zien we in de grondige behandeling, die hij in de *Lectures,* wijdt aan de nieuwe interpretatie van heel wat onderdelen van de islamitische wet in Turkije. Dit belang blijkt ook uit een brief aan M.A. Jinnah (1937), waarin hij wijst op de noodzaak om voor de Indische moslims de *sharīʿa* uit

te leggen. Maar, zo meende hij, voor een dergelijke onderneming moeten er
vrije moslim staten in het subcontinent tot stand komen.

In het middelpunt van zijn religieuze belangstelling stond ook de overtuiging dat *imān* of 'levendig geloof' de ware weg was om het heelal te veroveren. Dit lezen we niet alleen in zijn dichtwerk maar ook in de *Lectures*.
Dit sterke geloof, gebaseerd op de belijdenis 'Er is geen God buiten God',
heeft hem tot zijn laatste dagen bezield:

> Ik beef als ik zeg: "Ik ben een moslim",
> Ik weet immers hoe moeilijk het *lā ilāh* is! *(AH)*

Vanuit dit geloof ontstaat ook de tegenstander, die hij blijvend aanpakt, de
Mullah of de wetgeleerde, die alleen nog lege woorden spreekt. Deze staat in
fel contrast met de vrij rondzwervende *Qalandar,* de echte man Gods:

> De Qalandar heeft niets behalve de woorden: "Er is geen God
>   buiten God",
> De rechtsgeleerde van de stad is een Qārūn van Arabische
>   woordenboeken! *(BJ)*

Dit beeld suggereert ook dat de rechtsgeleerde onder zijn dode last in de
aarde zal wegzinken, zoals de Qārūn (Korah) uit de Koran onder de last van
zijn ongebruikte rijkdom. De hervormers, te beginnen met Shāh Walī Allāh,
wisten dat onder de talloze commentaren en super-commentaren, die in de
loop der eeuwen op de tekst van de Koran gestapeld werden, de geest van
Gods woord verstikt en versteend was. De gelovige kon geen rechtstreekse
toegang tot de tekst meer vinden.

In het gebed van zulke aan letters plakkende Mullahs is noch de majesteit
van God noch Zijn schoonheid aanwezig *(ZK).* Ze zijn een echte schande
voor de gemeenschap *(BJ)* en door hen wordt het vuur in het hart van de
natie tot ijs veranderd *(Pas).* Zelfs als Mullahs en gelovige strijders dezelfde
gebedsoproep gebruiken, is er een hemelsbreed verschil tussen hun roep en
de werking van hun gebed *(BJ).* Duurt de onderwerping van de slaven voor
de toeschouwers niet al te lang? *(ZK)* Waarom zou zo een Mullah uiteindelijk ook in de hemel moeten komen?

Ik stond erbij en kon mijn mond niet houden,

Toen God beval: "Naar het paradijs van de Mullahs!"
Verlegen zei ik: "Vergeef me, oh God -
Hoeri's en wijn zullen hem niet bevallen...
De hemel is geen plaats voor twisten,
Maar strijd en discussie zijn hem ingeboren.
Wie volkeren en secten tegen mekaar ophitst...
Daarboven zijn toch geen tempels of kerken" *(ZK)*

Ironisch wordt hij hier afgeschilderd, hij kan geen deel hebben aan de liefde tot God, die Iqbal voortdurend opnieuw preekt en waar de echte opstanding is. De verliefden en strevers van de wereld zijn toch niet geïnteresseerd in dat statisch paradijs, dat voor de Mullah de zaligheid is. Iqbal vraagt dan ook:

Wellicht weet je het niet, sheikh van Mekka -
Ook in de wereld van de liefde is er opstanding!
Maar zij heeft geen zonden of een boek of een weegschaal -
Geen moslim of heiden zou er anders kunnen komen. *(PM)*

Voor hem blijft de islam toch de enige mogelijkheid om de weg van de hunkerende liefde te gaan, om die liefde te kunnen realiseren in de politieke gemeenschap van moslims en om wellicht als martelaar op de weg van de waarheid de verlangde dood te vinden, waardoor het versterkte zelf in een hogere faze van ontwikkeling kan intreden.

IQBAL'S POLITIEK DENKEN

Als politieke macht zijn wij wellicht niet meer noodzakelijk, maar, denk ik, wij zijn onontbeerlijk voor de wereld als enige getuigenis van de absolute eenheid van God. Onze waarde onder de naties is op die manier enkel getuigeniswaarde.

Dit schreef Iqbal in zijn notities in 1910. De idee dat moslims enkel nog door hun eenheidsbelijdenis echt leven en hun doel realiseren kunnen, heeft zijn politiek en sociaal denken gevormd. Zijn ideaal was een staat gegrondvest op de islam; een staat, dit moeten we benadrukken, die door hem niet gedacht was als een theocratie in de enge zin van het woord. We lezen in zijn *Lectures*:

De staat is een streven om deze ideale principes binnen tijd en ruimte gestalte te geven, ze in een definitieve menselijke organisatie te realiseren. Alleen in deze zin is de staat in de islam een theocratie, en niet in de zin dat een vertegenwoordiger van God aan het hoofd ervan zou staan.

Wat Iqbal bedoelde met deze 'ideale principes', had hij vroeger reeds in het *Antwoord op de klacht* door God laten formuleren:

Eén in voordeel en één in nadeel, het ganse volk,
Eén religie en één geloof, en één profeet,
Eén heiligdom en slechts één God, en één Koran -
Hoe mooi zou het zijn als de moslims steeds als één werkten!

Hij bleef verkondigen dat het mysterie van het *haram* of 'heiligdom' in Mekka een eenheidsbelijdenis aan de volkeren was. Het Westen bezit de idee van eenheid niet meer, omdat het geen centraal heiligdom heeft *(BJ)*.

Die moslims, zo zong hij reeds in *Asrār,* moeten naar Arabië terugkeren, want ze hebben veel te veel rozen in Perzië geplukt *(AK)*. Deze idee doordrong hem heel sterk, zoals blijkt uit een droom die hij in 1931 beschrijft: hij had gedroomd van ruiters in het zwart gekleed en gelijkend op engelen. Daaruit besloot hij een nieuwe beweging in de moslim landen te mogen verwachten. Ook de Arabische paarden bleken de geest van de islam uit te stralen.

Vooral in *Rumūz* heeft de dichter benadrukt dat het centrum van de moslim gemeenschap, *millat* of 'huis van God', de Ka'aba was, die direct op het hart inwerkt. Iqbals eerste Europese vertaler, R.A. Nicholson, spreekt daarom van de visie van een nieuw Mekka, een wereldwijde, utopische staat, waarin alle moslims ooit eens zouden samenkomen. Hier raken we de kern van zijn werk, en dit plaatst Iqbal in de lange rij van Indische moslims die men 'naar Mekka georiënteerd' kan noemen. Zij zochten de wortels van hun cultuur in het land van de Profeet en beroemden zich op hun herkomst uit het centraal gebied van de moslim wereld. Dit was natuurlijk niet van toepassing op Iqbal, die in Kashmir was geboren in een familie die enkele generaties eerder moslim was geworden. Tegenover de 'naar Mekka georiënteerde' moslims staan de dichters en denkers van het Indiase subcontinent, die sterk aanleunden bij mystieke gedachten en meer 'naar Indië georiënteerd' waren. Hierbij denken we aan de twee mannen die in het grafmonument van Nizāmuddīn Auliyā, in Delhi, begraven zijn: de 'inclusieve' dichter, zanger en historicus Khusrau (overleden 1325), en de streng orthodoxe 'exclusieve' historicus Baranī, die enkele jaren later zijn scherp geformuleerde historische werken schreef. Verder zijn er ook twee mannen ten tijde van de liberale keizer Akbar: zijn vereerder Abū -Fazl, en de kritische Badāūnī. Sterker nog is het contrast tussen de twee zonen van keizer Shāh Jahān: de mysticus Dārā Shikoh die, zoals Iqbal schrijft in *Rumūz,* het 'zaad van de ketterij' door zijn grootvader Akbar gezaaid, verder verspreidde. Hij vertaalde o.a. 50 Oepanishaden uit het Sanskriet naar het Perzisch en hij streefde naar de "samenvloeiing van de twee zeeën" (Sura 18/59) islam en hindoeïsme. Zijn broer aan de andere kant werd keizer Aurangzeb, die in 1659 Dārā liet terechtstellen. Aurangzeb "stortte zich als een vlinder in de vlam van het monotheïsme" en, zoals Iqbal hem verder beschrijft, "hij zit als Abraham in deze tempel van afgoden". De naar 'Mekka georiënteerde' beweging heeft in Iqbal een machtige spreekbuis gevonden. Met een prachtig beeld zinspeelt hij in *Asrār* op het voorschrift dat in het heilige domein van Mekka geen levend wezen mag gedood worden:

Toen de gazelle uit het heilig gebied van Mekka wegvluchtte,
Doorboorde de pijl van de jager haar zijde. *(AK)*

Precies dit overkomt ook de moslims die zich van Mekka verwijderen: ze worden kwetsbaar. Ook de ritus van de bedevaart naar Mekka wordt voor Iqbal sterk symbolisch. Reeds in zijn notities merkte hij op dat

de islam optrad als protest tegen de afgodendienst. Wat anders is patriotisme dan een verfijnde vorm van afgoderij, een vergoddelijking van een materieel object? Precies datgene wat de islam moest verbrijzelen, kan toch niet het grondprincipe van zijn structuur als politieke gemeenschap worden. In het feit dat de Profeet leefde en stierf op een andere dan zijn geboorteplaats, heeft wellicht een mystieke duiding voor ons.

Zo wordt de bedevaart een symbool voor de eenheid van de moslims. Het leert ons onthechting van onze thuis *(Asrār)* en verbreekt de afhankelijkheid van ons vaderland: het is een daad van aanbidding, waardoor allen zich één voelen. Het "bindt de bladen van het boek van de godsdienst tezamen".

De religieuze interpretatie van de wereld heeft Iqbals houding over de gebeurtenissen in Indië en in de wereld sterk beïnvloed. In zijn notities spreekt hij over de "wonderlijke geschiedenis van de moslim gemeenschap". Steeds duiken politiek-historische figuren op in een religieuze context en zien we religieuze helden in een politieke context: er is volgens de islam toch geen spanning tussen *dīn* en *daula*, of 'religie' en 'staat'. Vooral in zijn religieus-politiek werk, *Rumūz-i bekhudī*, gaat de dichter even in op de geschiedenis van de Indische moslims; hij vermeldt de -volgens hem negatieve- pogingen van keizer Akbar, de ketterij van Dārā Shikoh en de orthodoxie van Aurangzeb. Toen keizer Aurangzeb in 1707, op bijna negentigjarige leeftijd en na vijftig jaar onafgebroken regeren overleed, stortte het grote Mogul rijk in elkaar. Het werd met stukjes veroverd door de Britten, de Fransen, de Marathas en de Sikhs, en na de opstand van 1857 kwam het grootste stuk onder de Britse kroon. En nu, klaagt Iqbal in een artikel van 1916, zijn de Indische moslims zo door hun verval behekst, dat ze hun moordenaars als hun opvoeders aanzien. Reeds 7 jaar daarvoor, in een artikel *(Islam as moral and political Ideal)* in *Hindustan Review,* had hij opgemerkt: de Indische moslim heeft sinds geruime tijd de diepte van zijn inwendig leven niet meer verkondigd. Hij heeft zelfs de hindoes in hun hindoeïsme (dit is het kaste-systeem) overtroffen. De echte islam kent immers geen kaste-onderscheid: alleen de meest vrome is de eerste. Iqbal verzet zich tegen kaste-onderscheid en tegen rassen-onderscheid. We denken hier onmiddellijk aan de vroegislamitische slogan van de charijitische secte, dat de meest vrome de leider van de gemeenschap kan zijn, "ook al is hij een Abessiniër, d.w.z. een zwarte slaaf". Rassenbewustzijn betekent aan de materie vasthangen en niet het inwendige of de geest erkennen:

Je blijft gebonden aan klei en water,
Je zegt: "Ik ben een Griek, een Afghaan",
Ik ben eerst en vooral een mens, zonder geur en kleur;
Daarna ben ik een Indiër, of een Turaan. *(PM)*

Het was omwille van zijn overtuiging dat religieus en politiek handelen samengaan, dat Iqbal niet alleen een dichter werd, maar ook een politiek activist. Toch werd hem soms verweten dat hij slechts een *guftār kā ghāzī* was, een geloofsstrijder met het woord, niet met de daad. Hij was natuurlijk lid van de *All India Muslim League,* die toen het enige vertegenwoordigend lichaam van de moslims was, vooral van de hogere middenstand en de grootgrondbezitters. In 1929 gaf hij zijn ontslag als secretaris van de *Muslim League.* Op het einde van de jaren twintig was hij lid van de Wetgevende Vergadering van Panjab en het lijkt ons interessant even in te gaan op de redevoeringen die hij in die tijd gehouden heeft. Hij zette zich bv. in om bij de belastingen voor landbouw een clausule in te bouwen ten gunste van kleine bedrijven en om de afbetaling van schulden op het platteland beter te organiseren. Financieel was de toestand niet rooskleurig in Panjab en tijdens de discussie over de begroting van 1929/30 pleitte hij voor de oprichting van KMO's voor wevers, lederverwerkers enz. Interessant is ook dat hij ijverde voor de verdere toepassing van de traditionele, de Yunani en Ayurvedische geneeskunde.

In zijn jeugd had Iqbal met zijn gedichten meegewerkt aan de omhalingen voor hulporganisaties voor de islam. Later was hij actief om een vennootschap te helpen stichten ter ondersteuning van moslims. Hierover correspondeerde hij met de Nawab van Bhopal. Hij stoorde zich evenzeer aan de politieke zwakheid van de moslims als aan het ontbreken van interesse in wetenschappelijk onderzoek (brief van 1930). Eén jaar voor zijn dood wees hij er nog op, hoe belangrijk het was voor India dat een leerstoel voor wetenschappelijk werk over de islam zou worden opgericht.

Al deze -ogenschijnlijk kleine- inspanningen van Iqbal in de praktische politiek, zijn groeiende bekommernis in gedichten en brieven voor het lot van zijn landgenoten, zijn vroegere uitspraken in nota's over de "afzonderlijke structuren voor hindoes en moslims", dit alles helpt om te begrijpen hoe hij meer en meer evolueerde naar de oprichting van één of meerdere staten met een moslim meerderheid. We mogen daarbij niet vergeten dat in de jaren twintig de communautaire spanningen tussen hindoes en moslims fel gestegen waren. Dit voorstel werd voor het eerst publiek aangekondigd in een rede-voering, die hij op 30 december 1930 in Allahabad hield voor de *All India Muslim League*. Deze is de geschiedenis ingegaan als zijn *Pakistan Address*, omdat daar voor het eerst de idee van een moslim meerderheidsstaat uitge-sproken werd. De naam *Pākistān* werd later gevormd. Het kan als een soort acrostichon worden begrepen, met de eerste letters van Panjab, Kashmir, Sind en Baluchistan. Het kan ook vertaald worden als 'Land van de zui-veren'. Met ware helderziendheid had hij reeds in 1910 geschreven:

> Naties worden geboren in het hart van dichters.
> Zij groeien en sterven in de handen van politici.

We citeren de belangrijkste stukken uit deze rede. [A. Schimmel geeft hier een Duitse vertaling. Ik citeer de oorspronkelijke Engelse tekst]:

Gentlemen, I am deeply grateful to you for the honour you have conferred upon me in inviting me to preside over the deliberations of the All-India Muslim League at one of the most critical moments of the history of Muslim political thought and activity in India. I have no doubt that in this great assembly there are men whose political experience is far more extensive than mine, and for whose knowledge of affairs I have the highest respect. It will, therefore, be presumptuous on my part to claim to guide an assembly of such men in the political decisions which they are called upon to make to-day. I lead no party; I follow no leader. I have given the best part of my life to a careful study of Islam, its law and polity, its cul-ture, its history and its literature. This constant contact with the spirit of Islam, as it unfolds itself in time, has, I think, given me a kind of insight into its significance as a world fact. It is in the light of this insight, whatever its value, that while assuming that the Muslims of India are determined to remain true to the spirit of Islam, I propose, not to guide you in your decision, but to attempt the humbler task of bringing clearly to your consciousness the main principle which, in my opinion, should determine the general character of these decisions.

It cannot be denied that Islam, regarded as an ethical ideal plus a certain kind of polity- by which expression I mean a social structure regulated by a legal system and animated by a specific ethical ideal- has been the chief formative factor in the life-history of the Muslims in India. It has furnished those basic emotions and loyalties which gradually unify scattered individuals and groups, and finally transform them into a well-defined people, possessing a moral consciousness of their own. Indeed it is no exaggeration to say that India is perhaps the only country in the world where Islam, as a people-building force, has worked at is best. In India, as elsewhere, the structure of Islam as a society is almost entirely due to the working of Islam as a culture inspired by a specific ethical ideal. What I mean to say is that Muslim society, with its remarkable homogeneity and inner unity, has grown to be what it is, under the pressure of the laws and institutions associated with the culture of Islam. The ideas set free by European political thinking, however, are now rapidly changing the outlook of the present generation of Muslims, both in India and outside India. Our younger men, inspired by these ideas, are anxious to see them as living forces in their own countries, without any critical appreciation of the facts which have determined their evolution in Europe. In Europe, Christianity was understood to be a purely monastic order which gradually developed into a vast church-organization. The protest of Luther was directed against the church-organization, not against any system of polity of a secular nature, for the obvious reason that there was no such polity associated with Christianity. And Luther was perfectly justified in rising in revolt against the organization; though, I think, he did not realize that, in the peculiar condition which obtained [sic] in Europe, his revolt would eventually mean the complete displacement of the universal ethics of Jesus by the growth of a plurality of national and hence narrower systems of ethics. Thus, the upshot of the intellectual movement initiated by such men as Rousseau and Luther was the break-up of the one into a mutually ill-adjusted many, the transformation of a human into a national outlook, requiring a more realistic foundation, such as the notion of country, and finding expression through varying systems of polity evolved on national lines, i.e. on lines which recognize territory as the only principle of political solidarity. If you begin with the conception of religion as complete otherworldliness, then what has happened to Christianity in Europe is perfectly natural. The universal ethics of Jesus is displaced by national systems of ethics and polity. The conclusion to which Europe is consequently driven is that religion is a private affair of the individual and has nothing to do with what is called man's temporal life.

Islam does not bifurcate the unity of man into an irreconcilable duality of spirit and matter. In Islam God and the Universe, spirit and matter, church and state, are organic to each other. Man is not the citizen of a profane world to be renounced in the interest of a world of spirit situated elsewhere. To Islam matter is spirit realizing itself in space and time.

Europe uncritically accepted the duality of spirit and matter probably from Mannichaean thought. Her best thinkers are realizing this initial mistake to-day, but her statesmen are indirectly forcing the world to accept it as an unquestionable dogma. It is, then, this mistaken separation of spiritual and temporal which has largely influenced European religious and political thought, and has resulted practically in the total exclusion of Christianity from the life of the European states. The result is a set of mutually ill-adjusted States dominated by interests, not human but national. And these mutually ill-adjusted States, after trampling over the moral and religious convictions of Christianity, are to-day feeling the need of a federated Europe, i.e. the need of a unity which the Christian church-organization originally gave them, but which, instead of reconstructing in the light of Christ's vision of human brotherhood, they considered it fit to destroy under the inspiration of Luther.

A Luther in the world of Islam, however, is an impossible phenomenon; for there is no Church-organization, similar to that of the Christianity in the Middle Ages, inviting a destroyer. In the world of Islam, we have a universal polity whose fundamentals are believed to have been revealed, but whose structure, owing to our legists' want of contact with the modern world, to-day stands in need of renewed power by adjustments. I do not know what will be the final fate of the national idea in the world of Islam. Whether Islam will assimilate and transform it, as it has before assimilated and transformed many ideas of a different spirit, or allow a radical transformation of its own structure by the force of this idea, is hard to predict. Professor Wensinck of Leiden (Holland) wrote to me the other day: "It seems to me that Islam is entering upon a crisis through which Christianity has been passing for more than a century. The great difficulty is how to save the foundations of religion when many antiquated notions have to be given up. It seems to me scarcely possible to state what the outcome will be for Christianity, still less what it will be for Islam." At the present moment, the national idea is racializing the outlook of Muslims, and this is materially counteracting the humanizing work of Islam. And the growth of racial consciousness may mean the growth of standards different and even opposed to the standards of Islam.

I hope you will pardon me for this apparently academic discussion. To address this Session of the All-India Muslim League, you have selected a man who is not despired of Islam as a living force for freeing the outlook of man from its geographical limitations, who believes that religion is a power of the utmost importance in the life of the individuals as well as of states, and finally, who believes that Islam is itself Destiny and will not suffer destiny! Such a man cannot but look at matters from his own point of view. Do not think that the problem I am indicating is a purely theoretical one. It is a very living and practical problem calculated to affect the very fabric of Islam as a system of life and conduct. On a proper solution of it alone depends your future as a distinct cultural unit in India. Never in our history had Islam to stand a greater trial than the one which confronts it today. It is open to a people to modify, reinterpret or reject the foundational principles of their social structure; but it is absolutely necessary for them to see clearly what they are doing before they undertake to try a fresh experiment. Nor should the way in which I am approaching this important problem lead anybody to think that I intend to quarrel with those who happen to think differently. You are a Muslim assembly, and, I suppose, anxious to remain true to the spirit and ideals of Islam. My sole desire, therefore, is to tell you frankly what I honestly believe to be the truth about the present situation. In this way alone it is possible for me to illuminate, according to my light, the avenues of your political action.

What, then, is the problem and its implications? Is religion a private affair? Would you like to see Islam, as a moral and political ideal, meeting the same fate in the world of Islam as Christianity has already met in Europe? Is it possible to retain Islam as an ethical ideal and to reject it as a polity, in favour of national polities in which the religious attitude is not permitted to play any part? This question becomes of special importance in India where the Muslims happen to be in a minority. The proposition that a religion is a private individual experience is not surprising on the lips of the European. In Europe, the conception of Christianity as a monastic order, renouncing the world of matter and fixing its gaze entirely on the world of spirit, led, by a logical process of thought, to the view embodied in this proposition. The nature of the prophet's religious experience, as disclosed in the Quran, however, is wholly different. It is not mere experience in the sense of a purely biological event, happening inside the experiment and necessitating no reactions on its social environment. It is individual experience creative of a social order. Its immediate outcome is the fundamentals of a polity with implicit legal concepts whose civic significance cannot be belittled merely because their origin is revelational. The religious ideal of Islam, therefore, is organically related to the social order which it has created. The rejection of the one will eventually involve the rejection of the other. Therefore the construction of a polity on national lines, if it means a displacement of the Islamic principle of solidarity, is simply unthinkable to a Muslim. This is a matter which, at the present moment, directly concerns the Muslims of India. "Man", says Renan, "is enslaved neither by his race, nor by his religion, nor by the course of the rivers, nor by the direction of the mountain ranges. A great aggregation of man, sane of mind and warm of heart, creates a moral consciousness which is called a nation." Such a formation is quite possible, though it involves the long and arduous process of practically remaking men and furnishing them with a fresh emotional equipment. It might have been a fact in India, if the teaching of Kabir and the 'Divine Faith' of Akbar had seized the imagination of the masses of this country. Experience, however, shows that the various caste units and religious units in India have shown no inclination to sink their respective individualities in a larger whole. Each group is intensely jealous of the collective existence. The formation of the kind of moral consciousness which constitutes the essence of a nation in Renan's sense demands a price which the peoples of India are not prepared to pay. The unity of an Indian nation, therefore, must be sought, not in the negation, but in the mutual harmony and co-operation of the many. True statesmanship cannot ignore facts, however unpleasant they may be. The only practical course is not to assume the existence of a state of things which does not exist, but to recognize facts as they are, and to exploit them to our greatest advantage. And it is on the discovery of Indian unity in this direction that the fate of India as well as of Asia really depends. India is Asia in miniature. Part of her people have cultural affinities with nations in the East, and part with nations in the middle and west of Asia. If an effective principle of co-operation is discovered in India, it will bring peace and mutual goodwill to this ancient land which has suffered so long, more because of her situation in historic space than because any inherent capacity of her people. And it will at the same time solve the entire political problem of Asia.

It is, however, painful to observe that our attempts to discover such a principle of internal harmony have so far failed. Why have they failed? Perhaps, we suspect each other's intentions, and inwardly aim at dominating each other. Perhaps, in the higher interests of mutual co-operation, we cannot afford to part with the monopolies which circumstances have placed in our hands, and conceal our egoism under the cloak of nationalism, outwardly simulating a large-hearted patriotism, but inwardly as narrow-minded as a caste or tribe. Perhaps, we are unwilling to recognize that each group has a right to free development according to its own cultural traditions. But, whatever may be the causes of our failure, I still feel hopeful. Events seem to be tending in the direction of some sort of internal harmony. And as far as I have been able to read the Muslim mind, I have no hesitation in declaring that, if the principle that the Indian Muslim is entitled to full and free development on the lines of his own culture and tradition in his own Indian homelands, is recognized as the basis of a permanent communal settlement, he will be ready to stake his all for the freedom of India. The principle that each group is entitled to free development on its own lines is not inspired by any feeling of narrow communalism. There are communalisms and communalisms. A community which is inspired by a feeling of ill-will towards other communities is low and ignoble. I entertain the highest respect for the customs, laws, religious and social institutions of other communities. Nay, it is my duty, according to the teaching of the Quran, even to defend their places of worship if need be. Yet I love the communal group which is the source of my life and behaviour; and which has formed me what I am by giving me its religion, its literature, its thought, its culture, and thereby recreating its whole past, as a living operative factor, in my present consciousness. Even the authors of the Nehru Report recognize the value of this higher aspect of communalism. While discussing the separation of Sind, they say: "To say from the view-point of nationalism that no communal provinces should be created is, in a way, equivalent to saying from the still wider international view-point that there should be no separate nations. Both these statements have a measure of truth in them. But the staunchest internationalist recognizes that without the fullest national autonomy, it is extraordinarily difficult to create the international State. So also, without the fullest cultural autonomy -and communalism in its better aspect is culture- it will be difficult to create a harmonious nation.

Communalism, in its higher aspect, then, is indispensable to the formation of a harmonious whole in a country like India. The units of Indian society are not territorial as in European countries. India is a continent of human groups belonging to different races, speaking different languages, and professing different religions. Their behaviour is not at all determined by a common race-consciousness. Even the Hindus do not form a homogeneous group. The principle of European democracy cannot be applied to India without recognizing the fact of communal groups. The Muslim demand for the creation of a Muslim India within India is, therefore, perfectly justified. The resolution of the All-Parties Muslim Conference at Delhi is to my mind wholly inspired by this noble ideal of a harmonious whole which, instead of stifling the respective individualities of its component wholes, affords them chances of fully working out the possibilities that maybe latent in them. And I have no doubt that this House will emphatically endorse the Muslim demand embodied in this resolution. Personally, I would go further than the demands embodied in it. I would like to see the Punjab, the North-West Frontier Province, Sind and Baluchistan amalgamated into a single State. Self-government within the British Empire, or without the British Empire, the formation of a consolidated North-West Indian Muslim State appears to me to be the final destiny of the Muslims, at least of North-West India. The proposal was put down before the Nehru Committee. They rejected it on the ground that, if carried into effect, it would give a very unwieldy State. This is true in so far as the area is concerned; in point of the population, the State contemplated by the proposal would be much smaller than some of the present Indian provinces. The exclusion of the Ambala Division, and perhaps of some districts where non-Muslims predominate, will make it less extensive and more Muslim in population....so that the exclusion suggested will enable this consolidated State to give a more effective protection to non-Muslim minorities within its area. The idea need not alarm the Hindus or the British. India is the greatest Muslim country in the world. The life of Islam as a cultural force in this living country very largely depends on its centralization in a specified territory. This centralization of the most living portion of the Muslims of India whose military and police service has, notwithstanding unfair treatment from the

British, made the British rule possible in this country, will eventually solve the problem of India as well as of Asia. It will intensify their sense of responsibility and deepen their patriotic feeling. Thus, possessing full opportunity of development within the body-politic of India, the North-West Indian Muslims will prove the best defenders of India against a foreign invasion, be that invasion one of ideas or of bayonets. The Punjab with a 56 per cent Muslim population supplies 54 per cent of total combatant troops in the Indian army; and if the 19,000 Gurkhas recruited from the independent State of Nepal are excluded , the Punjab contingent amounts to 62 per cent of the whole Indian Army. This percentage does not take into account nearly 6,000 combatants supplied to the Indian Army by the North-West Frontier Province and Baluchistan. From this, you can easily calculate the possibilities of North-West Indian Muslims in regard to the defence of India against foreign aggression. The Right Hon'ble Mr. Srinivasa Sastri thinks that the Muslim demand for the creation of autonomous Muslim States along the North-West border is actuated by the desire "to acquire means of exerting pressure in emergencies on the Government of India". I may frankly tell him that the Muslim demand is not actuated by the kind of motive he imputes to us; is actuated by a genuine desire for free development, which is practically impossible under the type of unitary government contemplated by the nationalist Hindu politicians with a view to securing permanent communal dominance in the whole of India.

Nor should the Hindus fear that the creation of autonomous Muslim States will mean the introduction of a kind of religious rule in such States. I have already indicated to you the meaning of the word religion, as applied to Islam. The truth is that Islam is not a church. It is a State, conceived as a contractual organism long, long before Rousseau ever thought of such a thing, and animated by an ethical ideal which regards man not as an earth-rooted creature, defined by this or that portion of the earth, but as a spiritual being understood in terms of a social mechanism, and possessing rights and duties as a living factor in that mechanism. The character of a Muslim State can be judged from what *The Times of India* pointed out some time ago in a leader on the Indian Banking Inquiry Committee. "In ancient India", the paper points out, "the State framed laws regulating the rates of interests; but in Muslim times, although Islam clearly forbids the realization of interest on money loaned, Indian Muslim States imposed no restriction on such rates." I therefore demand the formation of a consolidated Muslim State in the best interests of India and Islam. For India, it means security and peace resulting from an internal balance of power; for Islam, an opportunity to rid itself of the stamp that Arabian Imperialism was forced to give it, to mobilize its laws, its education, its culture, and to bring them into closer contact with its own original spirit and with the spirit of modern times.

Thus it is clear that, in view of India's infinite variety in climates, races, languages, creeds and social systems, the creation of autonomous States based on the unity of language, race, history, religion and identity of economic interests, is the only possible way to secure a stable constitutional structure in India.

...

Na enkele lange uitwijdingen besluit Iqbal zijn *Pakistan Address* als volgt:

One lesson I have learnt from the history of Muslims. At critical moments in their history, it is Islam that has saved Muslims and not vice versa. If today you focus your vision on Islam and seek inspiration from the ever-vitalizing idea embodied in it, you will be only reassembling your scattered forces, regaining your lost integrity, and thereby saving yourself from total destruction. One of the profoundest verses in the Holy Quran teaches us that the birth and rebirth of the whole of humanity is like the birth and rebirth of a single individual. Why cannot you, who as a people, can well claim to be the first practical exponents of this superb conception of humanity, live and move and have your being as a single individual? I do not wish to mystify anybody when I say that things in India are not what they appear to be. The meaning of this, however, will dawn upon you only when you have achieved a real collective ego to look at them. In the words of the Quran, "Hold fast to yourself; no one who erreth can hurt you, provided you are well-guided' (Sura 5/104).

In de loop van de volgende jaren nam Iqbal ook deel aan de internationale politiek, met name aan de Ronde Tafel Conferenties in London. Zijn religieuze ingesteldheid in verband met de staatsproblematiek blijkt ook uit een brief aan Jinnah, 28 januari 1937, waarin hij de ideeën van Jawaharlal Nehru bekritiseert. Iqbal meent: als hindoeïsme sociale democratie aanvaardt, moet het ook ophouden hindoeïsme te zijn. Voor de islam, aan de

Iqbal in Allahabad, 1930.

andere kant, zou de aanvaarding van sociale democratie op een of andere
manier kunnen ingepast worden in het geheel van rechtsprincipes. Dit zou
dan geen revolutie zijn, maar een terugkeer naar de oorspronkelijke zui-
verheid van de islam, die in den beginne afrekende met de keizers van
Byzantium en van Iran. Volgens hem was een splitsing van het subcontinent,
waardoor de moslims hun eigen weg, door God gegeven, zouden kunnen
gaan, wellicht het beste antwoord op het "atheïstisch socialisme" van
Jawaharlal Nehru. Tegelijk herinnerde hij er Jinnah tijdens de verkiezings-
campagne aan, hoe noodzakelijk het was om "aan de wereld, in en buiten
India, te verkondigen dat het economische probleem niet het enige probleem
was". Het religieuze moest in feite voorrang krijgen.

Hoewel voor Iqbal democratie de ideale staatsvorm was voor de islam,
vinden we toch in zijn werk soms scherpe kritiek op de democratie, "waarin
mensen geteld maar niet gewogen worden" *(ZK)*. Reeds in de *Boodschap
uit het Oosten* had hij over democratie gezegd dat "geen enkele menselijke
gedachte kan voortkomen uit 200 ezelskoppen". Toch keek hij met sympathie
naar de democratische ontwikkelingen in Turkije, na de afschaffing van het

Kalifaat op 3 maart 1924. Het blijft het voorrecht van de politicologen om een juiste interpretatie aan te bieden van deze tegenspraken. Door zijn deelname aan de Ronde Tafel Conferenties was Iqbals kritiek aan het adres van Gandhi nog toegenomen. Ook tegen Nehru verdedigde hij de inbreng van de Aga Khan, de meest vooraanstaande vertegenwoordiger van de Indo-moslim delegatie. Iqbal wees erop dat de Aga Khan stevig op de grondvesten van de islam stond, zelfs al waren sommige van zijn religieuze interpretaties eerder ongewoon.

Wat Iqbal blijkbaar tevergeefs in Pakistan zocht, namelijk echt islamitisch leven, dat vond hij in Afghanistan. Daar zag hij geen onderscheid tussen de traditionele Mullahs en de moderne jeugd. Steeds opnieuw verschijnt dit land in zijn verzen, nadat hij reeds in 1923 aan de koning van Afghanistan zijn *Boodschap uit het Oosten* had opgedragen en Kabul, Qandahar en Ghazni bezocht had. Hij achtte, in zijn dichterlijk reisverhaal *Misāfir*, de eerste Mogul veroveraar Babur (overleden in 1530) zeer gelukkig, omdat hij in Kabul begraven was, ver van de drukte van de Europeanen.

Zijn leven lang was Iqbal bezorgd om Kashmir, de geboortestreek van zijn voorvaderen. Dit bekoorlijke gebied werd in 1849 verkocht aan de Rajput hindoe Gulāb Singh, hoewel de meerderheid van de bevolking sinds de 14de eeuw moslim was. Reeds in de dagen van de Mogul keizers hadden barden de bekoorlijkheid van Kashmir bezongen. Haar mooie tuinen en meren lokten de Mogul keizers in de 16de en 17de eeuw naar hun zomerresidenties aldaar. De bronnen van het Vularmeer inspireerden de dichters, de kleurrijke planten en de dieren werden in miniaturen vereeuwigd, terwijl kunstenaars prachtig lakwerk en kostbare schalen maakten.

Reeds als jongeman had Iqbal meegewerkt aan het *Kashmir Magazine*. Na zijn terugkeer uit Europa was hij in Lahore secretaris van de Vereniging van moslims uit Kashmir en rond de jaren 30 was hij enige tijd president van het *All India Kashmir Committee*, tot in 1933. Zijn meest hartstochtelijke gedichten, die natuurbeschrijving en politieke klacht verenigen, slaan op Kashmir. Vele gedichten, zoals *Het schenkers boek* in de *Boodschap uit het Oosten*, zijn geschreven in het beroemde Neschat park in Shrinagar. Geregeld biedt hij het ook dichterlijke groeten aan. In het hoofdstuk over het paradijs in *Jāvīdnāma* wordt een lang stuk aan Kashmir gewijd. In het gedicht dat hij zong in tegenwoordigheid van de grote heilige en vorst, Alī-yi Hamadānī, krijgt de morgenwind de opdracht om aan de Volkerenbond een boodschap te brengen, om eindelijk toch eens het probleem van Kashmir op te lossen.

Nog in vele andere gedichten drukt hij zijn zorg uit voor dat geliefde land.
Eén gedicht legt hij zelfs in de mond van een dichter uit Kashmir. Het
volgend citaat uit de *Boodschap* werd overgenomen in *Jāvīdnāmā*. Hoe kan
het onderdrukte volk ooit weer opstaan?

> Giet in de beker de dronk die de ziel
> verlicht als licht en verbrandt als een brand!
> Geef aan de Kāshmīrī die wijn
> die uit zijn stof nieuwe vonken slaat! *(PM)*

Ook in zijn redevoeringen is Iqbal geregeld op het Kashmir-probleem teruggekomen en meestal blijkt hij de argumenten van een hedendaagse Pakistani
te ondermijnen. Hij kon natuurlijk niet weten dat na 1947 de strijd voor
Kashmir een zware druk zou blijven uitoefenen op de Indo-Pakistaanse re-
laties.

Een ander thema dat jarenlang vooraan stond in de actualiteit van het
subcontinent, was de houding van de moslims tegenover de Qadiani's. Deze
groep had zich gevormd rond Mirzā Ghulām Ahmad, die in 1908 overleden
was. Aanvankelijk was deze een orthodoxe moslim, die zich op specifieke
openbaringen beroemde en daarom heel spoedig door de orthodoxen werd
aangepakt. Dit was immers in tegenspraak met de uitdrukking in de Koran
dat Mohammed het "zegel van de profeten" was, aan wie de afsluiting van
de openbaring werd gegeven. Hoe kon iemand zich aanmelden als 'Mahdi'
of de 'rechtgeleide' die op het einde der tijden zou verschijnen als Messias?
Een haast onoverzichtelijke stapel literatuur is over deze controversiële beweging ontstaan. In een brief van 1932 maakt Iqbal duidelijk dat begrippen
zoals Mahdi, Messias of Vernieuwer *(mujaddid)* geen enkele basis hadden in
de overlevering van de Profeet, maar onder Iraanse invloed waren ontstaan:
ze hadden niets met de leer van de Koran te maken. Dergelijke
haarklieverijen over ongegronde beweringen kunnen alleen de duivel plezier
doen *(AH)*. Iqbal verzette zich eveneens tegen de idee van de Qadiani's dat
ze wilden afzien van de *jihād* of 'Heilige Oorlog'. Hij zag in hun leer in feite
alleen een teken van verval. Aan de andere kant had Iqbal lof voor de weinig
radikale groep der Ahmadiyya in Lahore, die zich ijverig inzetten voor de
verbreiding van de islam. De meest uitvoerige formulering van zijn houding
tegenover hen vinden we in een Open Brief aan Pandit Nehru, waarin hij
zich zeer kritisch tegenover hen uitlaat en hen als niet-islamitisch beschrijft.

De uitsluiting van de Ahmadiyya uit de moslim gemeenschap in 1974 is ongetwijfeld het resultaat van zijn kritiek, hoewel natuurlijk nog andere, politieke en economische drijfveren medeverantwoordelijk zijn voor dit oordeel.

Iqbal beklemtoonde niet alleen de eenheid van de moslim gemeenschap, maar ook de eenheid van de sociale structuur. Hij had zich vroeger reeds beroepen op de klasseloze gemeenschap van de islam, zoals die kan worden afgeleid uit het vers in de Koran: "Bij God wordt hij het meest geëerd die de meest vrome is" (Sura 49/11). Hij ziet ook de volledige gelijkheid onder de gelovigen in hun deelname aan het gemeenschappelijk gebed, waarbij "Koning Mahmud en zijn slaaf Ayâz dezelfde ràng hebben" (Klacht). Een theoretische uitwerking van deze idee vinden we in de Lectures, waar hij de gebedshouding en het gemeenschappelijk gebed behandelt:

De keuze van een specifieke richting in de moslim eredienst is een garantie voor het gevoelen van eenheid in de gemeenschap. De manier van bidden veroorzaakt en benadert de zin voor sociale gelijkheid, omdat er naar gestreefd wordt, elk gevoelen van superioriteit in rang of klasse bij de bidders te verwijderen. Hoe geweldig is deze geestelijke -bijna onmiddellijke- revolutie indien de trotse, aristocratische brahmaan uit Zuid-Indië elke dag schouder aan schouder staat met de onaanraakbare. Vanuit de alomvattende 'Ik', die alle kleine ego's schept en in stand houdt, ontstaat de eenheid van alle mensen...

Een dergelijke godsdienst van eenheid kan geen sociale verschillen dulden. Samen met talrijke moslim modernisten en ook enkele oriëntalisten heeft Iqbal er in zijn dicht- en prozawerk steeds op gewezen dat islam een tussenpositie inneemt tussen het burgerlijke kapitalisme en het communisme. Beide extreme posities zijn hem vreemd. Hij aarzelt ook niet om "werkloosheid, naaktheid, wijn drinken en bankroet als veroveringen van de Europese beschaving" aan de kaak te stellen (BJ). Bij gebrek aan goddelijke genade vinden ze daar slechts voltooiing in electriciteit en stoommachines.

Iqbal is natuurlijk geen socialist in de enge betekenis. Hij spreekt niet van de 'arbeidersklasse' en hij heeft geen programma voor de verbetering van de materiële wereld. Daarop heeft Jan Marek, en vóór hem reeds Wilfred Cantwell gewezen. Hij zingt wel over de onrechtvaardige verdeling van de wereld tussen kapitalisten en arbeiders:

Het lawaai in de werkplaats en de fabriek is van mij!
De machtige orgeltoon in de kerken is van U!
De palmbomen waarop de koning belastingen heft, zijn van mij!
De bomen van Eden en de hemelse papaver zijn van U...

Of verder, in dezelfde *Boodschap uit het Oosten,* klaagt de uitgebuite arbeider:

Met mijn bloed groeide de zware glans van de kerken,
Uit de kracht van mijn arm de sterke hand van de heersers.

In de klassieke, Perzische gedichten is het contrast tussen koning en bedelaar een veel gebruikt thema. Iqbal, door echt medelijden bewogen, neemt het over en past het toe op het contrast tussen kapitalisten en arbeiders. Uit de klassieke sage over koning Khusrau en de metselaar Farhād, die beide op dezelfde mooie Shīrīn verliefd zijn, gebruikt Iqbal Farhād als prototype voor de arbeider die met zijn zuur verdiende loon bedrogen wordt *(PM).*

Zijn interesse in sociale rechtvaardigheid heeft Iqbal ertoe gebracht om meerdere keren te verwijzen naar Lenin, in tegenstelling tot de Duitse keizer Wilhelm II *(PM),* of in die grootse scène bij God, waar Lenin nieuwsgierig vraagt wie Hem nu eigenlijk aanbidt:

Zeg me: welke mensen aanbieden U als God?
De mensen, uit stof gemaakt, die onder de hemel lopen?
In het Oosten is God toch slechts het volk van de 'Franken',
In het Westen is Hij de dollars, de blanken! *(BJ)*

In het volgende gedicht lezen we verder hoe God aan de engelen opdracht geeft om een lemen hut te bouwen. Dáárin kan Hij worden aanbeden, en niet in de marmeren, rijkversierde huizen van eredienst *(BJ).* Omwille van zijn ideaal betreffende gelijkheid tussen alle mensen tegenover God, had Iqbal ook een zekere bewondering voor het Russische bolsjevisme. Hij schreef zelfs aan Sir Francis Younghusband: "Bolsjevisme plus God is bijna gelijk aan islam". Hij drukte het ook poëtisch uit dat de Russen enkel de stap van *lā* of 'er is geen God' naar *illā* of 'buiten God' moesten zetten, om ook zelf het doel van de islam te bereiken. Hieruit blijkt tevens zijn interesse voor de bewegingen van Centraalaziatische moslims en de hervormingsgedachten van de Tataarse theoloog Mūsā Jār Allāh, die lang in Mekka verbleef.

Zoals Lenin verschijnt ook Marx in de gedichten van Iqbal. In *Jāvīdnāma, Armaghān-i Hi jāz* en vooral in de *Boodschap uit het Oosten* wordt hij beschreven als de 'Mozes zonder goddelijke glans, Christus zonder kruis'. Verder ook is het boek dat hij heeft geschreven heel belangrijk. Hij verwijst ernaar, zoals hij in zijn werk ook Goethe en Rumi vermeldt: "Hij is wel geen profeet, maar hij heeft toch een boek." *(AH)*

Wellicht moeten we de nadruk die hij legt op de gelijkmakende stromingen in het communisme, eerder zien als een reactie op zijn eigen kritiek aan het adres van het Europese imperialisme. Zijn opinie over het christendom is grotendeels bepaald door zijn ervaring met de Britse koloniale macht. Van meet af aan had hij ingezien dat de nadruk die de christelijke leer legt op het lijden, in feite ongezond was. Toch, zo lezen we in zijn *Notities,* ziet hij in Christus en in de Boeddha de liefde als overheersend element. Het is echter niet mogelijk, meent hij, om de vijand lief te hebben. Later heeft hij Europa fel bekritiseerd omdat het zo zondigt tegen het gebod van de liefde. Hij geeft wel toe dat Mohammed, de Boeddha en Christus de grote belichamingen zijn van de idee van gelijkheid, maar de islam is de enige kracht in de wereld die nog in die richting werkzaam is *(Notities)*.

Voortdurend stoort Iqbal zich aan het dualisme in het christendom tussen ziel en lichaam, tussen staat en kerk. Zoals we in de *Pakistan Address* lazen, zag hij de Kerk als gegrondvest op het kloosterleven. Na het optreden van Luther ontstond er een godsdienst-loze maatschappij, die echt duivels is: door het verwijderen van het eenheidsprincipe in de monastieke Kerk heeft Luther Europa in het spoor van het nationalisme gebracht. Zelfs de kerken zijn het niet eens. Iqbal wees erop hoe ontzet hij was door het feit dat in de Geboortekerk in Betlehem de kerken met elkaar ruzie maakten en door moslim politie moesten worden gecontroleerd. Vanuit hun eigen verdeeldheid, zo beweert Iqbal, proberen de Europeanen verdeeldheid te brengen bij andere volkeren en gelovige gemeenschappen, om ze aldus gemakkelijker te kunnen overheersen. Hoe verschillend hiervan is het doel van de islam, die eenheid wil brengen! Hoe verschillend hiervan is het ideaal van Mekka en van Genève, waar de Volkerenbond zetelt! *(ZK)*. Reeds in de *Boodschap uit het Oosten* had Iqbal de spot gedreven met de Volkerenbond:

Om een oorlog te doen ontstaan in deze oude wereld,
hebben de rouwenden zich naar een nieuw werk gehaast:
Alleen dit weet ik: een paar dieven van lijkwaden

verzonnen een vereniging om graven te verdelen.

Hij pakte deze "grafschenders" nog strenger aan na de annexatie van Abessinië door Mussolini. Dit maakte hem zeer opstandig en inspireerde hem tot een reeks gedichten in *Pas* en *Zarb-i Kalīm*. Was het niet typisch voor het Westen dat de annexatie uitging van de stad waar de hoogste vertegenwoordiger van het christendom zetelt? Ook in de context van het Palestijnse probleem (een "zuiver moslim probleem", schrijft hij) en de belofte daar een joodse staat op te richten, zien we zijn bezorgdheid dat Engeland en Frankrijk "het gebied willen verdelen om de moslims te verzwakken".

Territoriaal nationalisme, dat is voor Iqbal het grote gevaar. In de plaats daarvan zouden de moslims zich beter bezinnen over de islam en zich herinneren dat hun gemeenschap gevestigd is op de roem en het geloof van Abraham *(R)*.

Dezelfde dichter die in zijn jeugd in *Het Volkslied (tarāna-i millī)* er zich op beroemde :"China en Arabieren zijn van ons, Hindustan is van ons" en dat de ganse wereld aan de moslim toebehoort *(BD)*, heeft zich zijn leven lang bezig gehouden met het probleem van territoriaal nationalisme. Zelfs in een boodschap (1931) aan een groep Soefi leiders, de Pīrs van de Chisthī Orde! in Pakpattan, herinnerde hij hen eraan dat in de islam politiek en religie altijd samengaan: die twee scheiden is de islamitische waarheid verstikken.

We kunnen begrijpen dat het westers imperialisme als "listigheid en bedriegerij" gebrandmerkt werd *(AH)*. Zoals Iqbal in zijn vroegere werken had gestreden tegen de verzwakte, platonische filosofie, trekt hij in zijn latere werken, vooral *Zarb-i Kalīm,* ten strijde tegen de "liefdeloze" Europese opvoeding. Dan werd ook Satan, die anders een vrij positieve rol toebedeeld krijgt, de ware politieke duivel, die zijn *Parlementszitting* houdt *(AH)*. In dit lange dramatische gedicht, in 1936 geschreven maar posthuum verschenen, suggereren de raadgevers van de duivel dat Mazdakisme, d.i. het communisme, een gevaar voor hen was geworden. Nee, zegt Satan, het ware gevaar voor de duivelsfamilie is de heropleving van de islam. Deze hedendaagse duivels zijn echter niet, zoals Iblīs weleer, uit vuur, maar uit stof geschapen *(AH)*, en ze proberen de mensen te overtuigen zich aan het stof te hechten. God heeft maar één duivel uit vuur geschapen, maar de Europeanen hebben er 200 gemaakt uit stof *(ZK)*. In vergelijking met die duivels mag men wel de éne duivel verkiezen, die ooit God heeft gezien en nog actief is *(AH)*. Iqbals politiek-religieuze ideeën zijn bijzonder klaar geformuleerd in zijn gedicht *Satan geeft raad aan zijn politieke nakomelingen (ZK)*:

Betrek de brahmanen in de politiek,
Haal de vrome magiërs weg uit de tempels...
Al wie honger heeft en niet bang is voor de dood,
trek hem weg van de geest van Mohammad; verban hem.
Geef aan de Arabieren westerse ideeën,
verdrijf de islam uit de woestijn van Arabië!
De Afghanen zijn nog zeer gelovig:
Jaag er de Mullahs weg uit de bergen!
Neem de tradities van Mekka weg,
Verjaag de hinde uit Samarkand!
Iqbals adem spuwt vuur over de tulpen -
Verjaag deze zanger uit het land!

Enkele weken vóór zijn dood had hij nog een lang onderhoud met Maulana Ahmad Husain Madani, de leider van de theologische school van Deoband, die een bemerking van Iqbal over natie en volk, *millat* en *qaum*, verkeerd had uitgelegd: hoe kan een moslim stellen dat volkeren uit vaderlanden bestaan, d.w.z. hoe kan hij een territoriale verklaring van het begrip 'volk' aannemen?

Hoe weinig weet hij af van de plaats van de Arabier Mohammad!

Dit schrijft Iqbal in een van zijn laatste gedichten in *Armaghān-i Hijāz*. Iqbal weerlegde uitvoerig het standpunt van de theoloog uit Deoband en besloot met een citaat uit het oeuvre van de Perzische dichter Chāqānī (overleden in 1199). In zijn laatste Urdu dichtwerk had hij hem reeds geprezen als auteur van *Tuhfat al-ᶜirāqain*, wat een zeer complex gedicht is over de bedevaart. Het citaat komt uit *Gedicht over wijsheid en goede raad* van Chaqani:

Leg in de handen van jonge studenten
    niet de tafelen van de achteruitgang,
Druk het rijdier 'religie', in Arabië geboren
    niet de Griekse halster rond de nek.

En met de verzen die in het origineel werk hierop volgen,

Steek niet het slot van de verhaaltjes van Aristoteles
   in de deur van 'de beste natie',
Hang het versleten beeld van Plato niet op het
   borduurwerk van de beste sierwand!

is Iqbal naar zijn eerste begin teruggekeerd, toen hij zich afzette tegen Plato en de hellenistische filosofie. Ook daarmee stelt hij zich in de grote traditie van hervormers van Delhi in de 18de eeuw. Onder hen was vooral Shāh Walī Allāh zeer afkerig van de speculatieve filosofie van de klassieke oudheid: filosofen die zich daarmee bezig houden, vergeleek hij met honden "die 2000 jaar oude knoken afknagen".

Gedurende heel de tweede helft van zijn leven heeft Iqbal zich ingespannen om de oorspronkelijke islam te bevrijden van zijn 'filosofische' boeien. Vijfentwintig jaar lang heeft hij in steeds nieuwe gedichten of filosofische redevoeringen zich ingezet voor de realisatie van zijn droom: de ideale gelovige en een moslim gebied waarin de verenigde gelovigen ongehinderd konden leven. Hij was niet alleen bezorgd om het lot van de moslims, maar met groeiende kommer bekeek hij ook de evolutie in Europa, de bewapeningswedloop en de tragedie van de Tweede Wereldoorlog die steeds duidelijker aan de horizon zichtbaar werd. In juni 1937 schreef hij aan Jinnah dat Noordwest-Indië zich, omwille van de spanningen tussen hindoes en moslims, in een feitelijke burgeroorlog bevond, en dat hij erger vreesde. Zijn radioboodschap, die hij in Lahore op nieuwjaarsochtend 1938 liet voorlezen, is na vijftig jaar nog steeds het lezen waard. Daarin verschijnt Iqbal niet alleen als profetisch dichter en filosofisch politicus, maar ook als een mens die uiterst bezorgd is over de ontwikkelingen in de wereld, oost en west, noord en zuid:

New Year Message Broadcast from the Lahore Station of the all India Radio on the 1st January 1938.

The modern age prides itself on its progress in knowledge and its matchless scientific developments. No doubt, the pride is justified. Today space and time are being annihilated and man is achieving amazing successes in unveiling the secrets of nature and harnessing its forces to his own service. But inspite of all these developments, tyranny of imperialism struts abroad, covering its face in the masks of Democracy, Communism, Fascism and heaven knows what else besides. Under these masks, in every corner of the earth, the spirit of freedom and the dignity of man are being trampled underfoot in a way of which not even the darkest period of human history presents a parallel. The so-called statesmen to whom government had entrusted leadership have proved demons of bloodshed, tyranny and oppression. The rulers whose duty it was to promote higher humanity, to prevent man's oppression of man and to elevate the moral and intellectual level of mankind, have in their hunger for dominion and imperial possession, shed the blood of millions and reduced millions to servitude simply in order to pander to the greed and avarice of their own particular groups. After subjugating and establishing their dominion over weaker peoples, they have robbed them of their possessions, of their religions, their morals, of their cultural traditions and their literatures. Then they sowed divisions among them that they should shed one another's blood and go to sleep under the opiate of serfdom, so that the leech of imperialism might go on sucking their blood without interruption.

As I look back on the year that has passed and as I look at the world in the midst of the New Year's rejoicings, it may be Abyssinia or Palestine, Spain or China, the same misery prevails in every corner of man's earthly home and hundreds of thousands of men are being butchered mercilessly. Engines of destruction operated by science are wiping out the great land-marks of man's cultural achievements. The governments which are not themselves engaged in this drama of fire and blood are sucking the blood of the weaker peoples economically. It is as if the day of doom had come upon the earth, in which each man looks after the safety of his own skin, and in which no voice of human sympathy or fellowship is audible.

The world's thinkers are stricken dumb. Is this going to be the end of all this progress and evolution of civilization, they ask, that men should destroy one another in mutual hatred and make human habitation impossible on this earth? Remember, man can be maintained on this earth only by honouring mankind, and this world will remain a battleground of ferocious beasts of prey unless and until the educational forces of the whole world are directed to inculcating in man respect for mankind. Do you not see that the people of Spain, though they have the same common bond of one race, one nationality, one language and one religion are cutting one another's throats and destroying their culture and civilization by their own hands owing to a difference in their economic creed? This one event shows

IQBAL ALS DICHTER

Iqbal liet ons acht dichtbundels na, geschreven in twee talen, en toch introduceerde hij zichzelf niet zozeer als dichter, maar vooral als verkondiger van een vernieuwing, als één die oproept tot heropleving. In 1935 schreef hij: "Ik gebruik poëzie voor een specifiek doel, dat ik omwille van de situatie en tradities in mijn land kan bereiken door middel van poëzie". Reeds in 1914 had hij verklaard dat hij met zijn gedichten niet rijk wilde worden, maar eerder een geloofsbelijdenis in aangepaste vorm duidelijk wilde maken.

In zijn bewering dat hij poëzie gebruikt omdat het nu eenmaal de gewoonte schijnt te zijn, zien we een parallel met een bemerking van Rumi, die ergens in zijn proza met enige verachting schrijft: "Wat heb ik anders met poëzie te maken? Och God, ik heb teveel poëzie en niets lijkt me slechter dan dat. Alsof iemand zijn hand in ingewanden steekt en ze zorgvuldig wast, terwijl de gast net trek heeft in ingewanden..."

Om dergelijke, afbrekende uitspraken juist te kunnen begrijpen, moet men zich de positie van de dichter in de islamitische traditie voorstellen. In Sura 26 van de Koran worden de 'dichters' aangepakt, de poëten, die "in elk dal rondzwerven en niet doen wat ze zelf zeggen". De overlevering schrijft een uitspraak toe aan de Profeet als zou poëzie *nafth ash-shaitān* of 'speeksel van de duivel' zijn. Op meerdere plaatsen in de Koran wordt er voor gewaarschuwd dat de verkondigende Profeet van het Boek geen dichter is. Immers, de pre-islamitische dichters, die met hun hoogdravend Arabisch een bijna magische kracht uitoefenden, werden bijna gezien als ware tegenstanders van de nieuwe weg van de islam. Daarbij kwam de overweldigende kracht van de Koran, van het Woord Gods. Als taalkundig ongeëvenaard wonder, zoals moslims het heten, maakte het religieuze dichters zeer moeilijk om een zelfstandige literatuur tot stand te brengen. De profane dichtkunst bleef natuurlijk bestaan. Er was vooreerst de klassieke vorm van de lange, in lof of satire eindigende Qasīda, met hun rijke, uitgesponnen zinspelingen, hun schilderijen van de avontuurlijke reizen van de dichter op zijn trouwe kameel of zijn dapper ros. Verder waren er de nieuwere vormen, met de bevallige, frivole of sentimentele liefdesgedichten. Vanaf de Abbasieden tijd (na 750) zien we de ontwikkeling van een fantasierijke, beschrijvende poëzie. Ware 'religieuze' dichtkunst ontstond pas in de tijd van de mystici, maar de

Arabische literatuurcritici uit de vroege middeleeuwen hebben dit nooit als echte poëzie bestudeerd. In de Arabische wereld werden religieuze gevoelens gemakkelijker in proza -soms in mooi rijmend proza- uitgedrukt dan in dichtvorm. In Iran daarentegen -en in de landen onder haar invloed, zoals Turkije en Indië- ontwikkelde zich vanaf de 11de eeuw een uitgebreide mystieke dichtkunst, in verscheidene literaire vormen.

Iqbal was vertrouwd met de betovering van de Perzische lyriek, zoals elkeen die Perzisch kent. Dat genre had in de 14de eeuw door Hafis van Schiras een perfectie bereikt, en zou vijfhonderd jaar lang het denken van Perzische, Turkse, Centraalaziatische en Indische moslims beïnvloeden. Voor Iqbal, die zijn volk wilde wakker schudden, waren die lyrische thema's te gevaarlijk, dat blijkbaar onverenigbare spel met elegante vormen en beelden: rondzwerven in tuinen vol rozegeuren, dromen van een niet te vervullen liefde voor een *shāhid* of geliefd wezen, dat als openbaring van de goddelijke schoonheid werd verklaard, bezingen van de wijn (door de Koran verboden), ook al werd hij alleen als symbool voorgesteld van de roes van goddelijke vereniging. Daarom verzette Iqbal zich tegen deze traditie, vooral toen hij *Asrār-i khudī* aan het schrijven was. Met 'Hafis' bedoelde hij meestal de 'mystieke' poëzie. In een artikel, getiteld *Kritiek van onze Profeet op de Arabische poëzie in zijn tijd,* in 1915 verschenen in *The New Era,* zet Iqbal zijn programma uiteen: uit het feit dat Mohammed de grootste pre-islamitische dichter, Imru'l-Qais, een "leider van mensen naar de hel" noemde, besluit Iqbal dat "wat goed is in de kunst, niet noodzakelijk gelijk is met wat goed is in het leven", en hij gaat verder:

Kunst is onderworpen aan het leven, niet omgekeerd. Het hoogste doel van elke menselijke activiteit is het leven, roemvol, machtig, overstromend, en elke menselijke kunst moet aan dit hoogste doel onderworpen zijn. De waarde van elk ding kan pas vastgesteld worden met het oog op zijn mogelijkheid om het leven te verbeteren. De hoogste kunst is die kunst, die onze sluimerende wilskracht wakker maakt en ons de kracht geeft om de beproevingen van het leven te kunnen trotseren... Er mag geen opiumroken zijn in de kunst. De leer van *l'art pour l'art* is een slimme uitvinding van de decadentie, die ons met leven en macht wil bedriegen.

Twintig jaar later schreef hij in een gedicht in *Zarb-i Kalīm,* dat "schone kunsten geen enkel nut hebben, als ze niet de slag van Mozes in zich hebben".

Daarin schrijft hij verder over zijn aversie tegen de "schone kunsten van het Westen", d.i. de fatale werking van de film. Reeds in zijn *Notities* had hij zich verheugd over het feit dat er "in moslim landen geen uiterlijke genoegens zijn", wat hij als een positief kenmerk van zijn wereld beschouwde.

> Is de dood verborgen in melodieën,
> Zijn de luit, harp en fluit voor mij verboden! *(ZK)*

Deze latere verzen hernemen Iqbals beschrijving van de ware dichter in *Asrār*:

> De schepping wordt levendiger als hij weent...
> De karavanen volgen zijn bel
> en volgen zijn lokkende fluit...
> Zijn betovering brengt ontwikkeling in het leven,
> doet het zichzelf beschouwen en doet de onrust groeien...

De decadente dichter daarentegen, merkte hij op in een nota, is veel gevaarlijker voor het leven van het volk dan de legers van Gengis Khan en Attila.

> Zijn kus steelt de frisheid van de roos,
> ontneemt de nachtegaal zijn vreugde in het vliegen;
> Zijn opium verzwakken je zenuwen,
> Met levenskracht betaal je zijn liederen... *(AK)*

Kunst dient om de menselijke levenskracht te sterken, als hulpmiddel voor de wederopbouw van de verzwakte moslim wereld: dat was de boodschap. De dichter van zijn dromen was hij, wiens "zuchten in de morgen" zijn verlangen aankondigde naar een hoger leven, wiens bloed zijn dichtwerk voedde *(BJ)*. Gedichten kunnen pas dan iets bereiken als ze doordrongen zijn van echte menselijke gloed, en niet zomaar een onsamenhangend spel zijn met verrukkelijke, maar holle vormen.

> Het doel van de poëzie is mensen op te voeden,
> Gedichten zijn de erfenis van de profetie.

Zo schreef hij in *Jāvīdnāma*. Dat is ook de doelstelling die hij met telkens andere beelden aan zijn volk wilde verkondigen.

Met zijn verbinding van ideaal, mensvormend dichtwerk met profetie verwees Iqbal -bewust of onbewust- naar Goethes opmerking in *Noten und
Abhandlungen zum West-Östlichen Divan*:

Als we het onderscheid tussen dichters en profeten scherper willen beschrijven, zeggen we: beiden zijn door een God gegrepen en aangespoord.
De dichter verspilt zijn talent in genot om genot voort te brengen en om
met zijn product eer te verwerven, of tenminste toch een gemakkelijk
leventje... De profeet aan de andere kant kijkt alleen vooruit naar een specifiek doel. Om dat te bereiken, gebruikt hij de meest eenvoudige middelen.
Hij wil een of andere boodschap brengen, als een vlag waarrond volkeren
zich scharen. Daarom is alleen geloof van de wereld nodig. Hij moet eenvormigheid vinden en aanhouden, want het meervoudige gelooft men niet,
men herkent het.

De opmerking van Goethe over de eenvormigheid van de profetische boodschap verklaart in zekere zin bepaalde kenmerken in Iqbals dichtwerk, die
typisch zijn voor de profetische eenzijdigheid: hij maakt van elke gelegenheid
gebruik om *khudī* en 'ontwaken' te preken, de ontwikkeling van het individu,
de versteviging van het persoonlijke geloof in de ene en enige God... Hier
moeten we aan toevoegen dat in zijn hele werk nergens een 'aardse' geliefde
verschijnt, geen Beatrice zoals bij Dante, of een Schams-i Tabrīz zoals bij
Rumi, of een Sulaika zoals in Goethes *Divan*.

Om zijn doel, de vorming van mensen, te bereiken, moest de dichter natuurlijk de beschikbare vormen gebruiken. Dat waren de vormen en beelden
waarmee zijn lezers en toehoorders vertrouwd waren en die met een nieuwe
inhoud gevuld moesten worden. Elke poging om een nieuwe vorm in te
voeren -bv. vrije ritmiek- zou van meet af aan tot mislukking gedoemd zijn.
De gemakkelijke, traditionele vormen waren beter geschikt voor zijn doel en
hij heeft ze meesterlijk gehanteerd. Hij schreef *ghazals*, de klassieke, lyrische
vorm met enkel rijm, dat soms door een extra rijm verlengd wordt. De bedoeling is het centrale thema van de dichter door herhaling of door verwijzing
naar het hoofdthema, te verduidelijken. Iqbal had wel kritiek op de *ghazals*,
met hun vlinderachtige, verrukkelijk schitterende maar onsamenhangende
vorm, door Hafis tot een hoogtepunt gebracht. Toch heeft hij enkele van zijn
beste en meest meeslepende gedichten in het Urdu of het Perzisch precies in
de *ghazal* vorm geschreven. In tegenstelling echter tot de klassieke vorm
vinden we in zijn *ghazals* een grote eenvormigheid. Ook daarin, en niet alleen

in de keuze van de beelden, schijnt hij door Rumi beïnvloed te zijn. Omwille van de boodschap die hij wilde brengen, kreeg het gedicht een specifieke richting en daardoor zijn de *ghazal*s van Iqbal meer toegankelijk voor een westerse lezer dan die van zijn voorgangers. Ze zijn eenvoudiger om dichterlijk om te zetten dan die van zijn fel vereerde voorganger Mirzā Ghālib, die een complex web van zinspelingen en verwijzingen aanbrengt.

Iqbal heeft ook graag gebruik gemaakt van de *rubāʿī* of 'vier lijnengedicht'. Deze vorm is in Europa bekend geworden door de omzettingen door Fitzgerald van Omar Chayyams *Rubaʿiyyat*. In het beste geval kan men deze vorm als aforisme aanduiden. De twee eerste lijnen rijmen en brengen een boodschap. De derde lijn rijmt niet meer en schijnt het thema om te draaien. De vierde lijn rijmt dan weer met de eerste en brengt een synthese. In deze vorm heeft Iqbal enkele van zijn meest gewaagde uitspraken neergeschreven, in het Urdu of het Perzisch.

Tenslotte moeten we het *mathnawī* vermelden, een gedicht met rijmende dubbelverzen. Het meest hoogstaande voorbeeld, in de eeuwenlange religieuze traditie, is hét *Mathnawī* van Rumi. Vóór hem, iets na 1000 n.K., had Firdausī deze vorm gebruikt voor zijn heldenepos, en daarna had ook Nizami het als ideale vorm ontdekt voor romantisch dichtwerk. Het werd een mystieke uitdrukkingsvorm in de handen van Sanaʾi van Ghazni (overleden in 1131) en van de meesterlijke verteller ʿAttār (overleden in 1220), tot het *Mathnawī* van Rumi voor de vromen van Iran een "Koran in het Perzisch" werd. In al zijn *mathnawī*s heeft Iqbal dezelfde versmaat gebruikt als Rumi, maar hij heeft de strenge structuur geregeld ontspannen door het inlassen van lyrische passages, zoals ook vóór hem reeds werd gedaan. Een vooral in India bijzonder populaire, korte vorm van het *mathnawī* was het *Sāqīnāma* of 'Het schenkers boek'. Daarin aanroept de dichter de (koninklijke) schenker, om hem zijn gedachten te doen uitdrukken. We hebben ook reeds de *musadda* vorm (zes lijnen) vermeld, die in het subcontinent werd gehanteerd voor religieuze, didactische thema's. Verder heeft Iqbal nog de meest verscheiden dichtvormen gebruikt, soms ontleend aan het Engels of het Duits, al naargelang de inhoud.

Om zijn landgenoten wakker te schudden gebruikte de dichter het lokale Urdu. Sir Montagu Butler heeft genoteerd dat hij "zijn toehoorders heftig bewoog als hij zijn gedichten voordroeg". Daarnaast moest hij het Perzisch gebruiken als hij de buren in Afghanistan, Iran en delen van centraal Azië wilde bereiken. In latere gedichten heeft hij eens geschreven dat, hoe bevallig de Perzische poëzie ook is, "het zwaard van het zelf door haar niet kan worden gescherpt" *(ZK)*. Hij heeft het wel gewaagd om, gebruik makend van de schat van beelden, in het Perzisch zijn belangrijkste gedichten te schrijven. Hij was zich bewust van de problemen en in het begin van *Asrār* verontschuldigt hij zich:

Dit werk streeft geen dichterlijke schoonheid na,
Heeft niet als doel afgodendienst, of liefdesspel.
Ik ben een Indiër, Perzisch is vreemd voor mij...
De reden, het einddoel, dat doet mijn leven duren:
Daarom klinkt zijn karavaanbel...

Om de houding van Iqbal te begrijpen, moeten we duidelijk stellen dat het Perzisch, en het Urdu en Osmaans Turks door het Perzisch beïnvloed, een schat aan beelden bezat en dat vele verzen op twee niveau's begrepen konden worden: het zintuiglijke en het boven-zintuiglijke:

Ik heb veel over de schouwing van God gesproken,
Maar het gaat niet zonder over 'glas' en 'wijn' te spreken.

Dit zijn de woorden van Ghālib, die door Iqbal fel werd vereerd. De beelden van die poëzie, evenals de formele aspecten ervan, werden voor een groot deel door de traditie bepaald: de figuren van de profeten uit de Koran, zinspelingen op de helden uit de klassieke liefdesverhalen, zoals koning Khusrau, en zijn Shīrīn en haar ongelukkige vereerder, de metselaar Farhād. Verder was er ook Majnūn, die van zijn geliefde gescheiden in liefdesverlangen zijn verstand verloor. Daarbij krijgen we nog de rozen en de nachtegalen, symbolen voor onbereikbare schoonheid en onvervulbare liefde. De vlinder die zich in de vlammen stort -dit is ons bekend door Goethes *Selige Sehnsucht,* waarvan het motief ontleend is aan de Perzische poëzie, en verder aan het Arabisch werk van de dichter-martelaar Hallāj. Er zijn ook nog de wijn van de liefde en het glas waarin de wereld getoond wordt. Al deze figuren waren in steeds verfijndere vorm in de Perzische poëzie aanwezig. Ze werden in de 'Indische schrijftrant' van het Perzisch na de jaren 1600 en later in het Noord-Indische Urdu zo ingewikkeld door elkaar gegooid en dan weer op een of andere manier als een kaleidoscoop aan elkaar gezet, dat een niet ingewijde de echte betekenis van de figuren niet meer kon ontcijferen. Het is daarom verbazend dat Iqbal in zijn *Notities* schrijft:

Ik beken dat ik veel verschuldigd ben aan Hegel, Goethe, Mirzā Ghālib, Mirzā ᶜAbdul Qādir Bedil en Wordsworth. De twee eersten hebben mij naar het 'inwendige' van de dingen gebracht. De derde en de vierde hebben me geleerd hoe ik oosters in geest en uitdrukking kon blijven, nadat ik buitenlandse idealen had geassimileerd, en de laatste heeft mij in mijn studentenperiode gered van het atheïsme.

Bedil gaat door als de moeilijkste Indo-Perzische dichter en het was enkel de uitdrukking van blijvende rusteloosheid, het niet te verzadigen religieuze verlangen, dat Iqbal tot hem aantrok.

Specifieke regels betreffende retoriek behoren tot de formele grondslag van de Perzische en klassieke Urdu poëzie, zoals parallellisme van de zinsdelen en het gebruik in één vers van beelden passend bij één thema: als een profeet uit de Koran verschijnt, moet nog een andere worden vermeld, of tenminste een zinspeling op hem of op iets met hem verbonden. Als een bloem wordt vermeld, verwacht men nog beelden uit de natuur. Als een religieus begrip aan de orde komt, moeten er meerdere worden vermeld, enz. Iqbal gaf er sterk de voorkeur aan twee beelden in tegenstelling te gebruiken, omdat daardoor het vers ritmisch en inhoudelijk krachtig werd. Dit vergemakkelijkte ook het memoriseren. We moeten ons even een *muschāᶜirā* of 'Nacht van de Poëzie' voorstellen, waarin de sterk ritmische verzen enkele malen worden gereciteerd, en als ze in de smaak vallen, door de aanwezigen steeds opnieuw worden herhaald: 's morgens kent heel de stad het geslaagde vers van buiten. Daarom gebruikte Iqbal de traditionele dichtvormen en paste ze aan zijn eigen stijl aan. Hij vervolledigde zijn verzen met onverwachte vergelijkingen en benadrukte bepaalde aspecten van het leven, die hij steeds opnieuw inhamerde, tot -zoals hij zelf ergens schreef- hij zich als een vlam voelde, die het dorre hout en de afval verbrandt *(BJ)*. Het beeld van 'branden', het verterende vuur, vinden we geregeld bij Iqbal terug:

Veel kostbaarder dan een vorstentroon of koninklijke macht
is het vers waarin het vuur van de bliksem flitst. *(BJ)*

Dit gebruik van tegengestelde paren is karakteristiek voor Iqbals uitdrukking van de stuwende kracht van zijn ideeën. Er komen er aan elkaar geregen uitroepen voor, of de formules 'of... of' *(yā... yā)*, waarbij de tegenstelling *jamāl* of 'goddelijke schoonheid' en *jalāl* of 'goddelijke majesteit' veelvuldig voorkomt. Een mooi voorbeeld vinden we in de *ghazal* getiteld *Bāl-i Jibrīl*:

Yā hīla-i ifrangī yā hamla-i turkāna
yā fikr-i hākīmāne yā dschadhb-i kalīmāna...
Europese kuiperijen of Turkse aanvallen,
Filosofisch denken of de betovering van Mozes...

Het sterke ritme, meestal in jambisch metrum, draagt bij tot de sterke beklemtoning van de belangrijkste begrippen en herinnert de lezer soms aan de ritmisch sterk onderverdeelde, gezongen verzen van de mystieke barden in Panjab. Uit hetzelfde Urdu werk citeren we een extreem voorbeeld, waarin deze kunstvorm duidelijk zichtbaar is:

dschamāl-iᶜischq u mastī nay nawāzī
dschalāl-iᶜischq u mastī be-niyāzī
kamāl-iᶜischq u mastī zarf-i Haidar,
zawāl-iᶜischq u mastī harf-i Rāzī.

Hierin is zelfs de Arabische schrijfwijze van de twee eerste woorden gelijkaardig. De betekenis:

De schoonheid van liefde en bedwelming is fluitspel,
De majesteit van schoonheid en bedwelming is behoeftigheid,
De volmaaktheid in liefde en bedwelming is de energie van Haidar,
Het staken van liefde en bedwelming is het woord van Rāzī -

Haidar is een naam voor ᶜAlī, de neef en schoonzoon van de Profeet. Hij is steeds voor zijn moed geroemd geweest. Rāzī verwijst naar Fachraddīn Rāzī, de middeleeuwse commentator van de Koran, die voor Iqbal als het prototype voor de intellectuele, liefde-loze filosoof geldt. Hij wordt steeds tegenover Rumi gesteld die gloeit van religieuze liefde. Liefde en intellect, eenzaamheid en zich kenbaar maken: dit zijn voortdurend terugkerende thema's. Deze thema's worden veelvuldig verbonden met figuren uit de geschiedenis of uit de Koran, om de tegenstelling concreet te maken. De Perzische en vroege Urdu dichters hadden steeds de profeten, die in de Koran vermeld zijn, als symbolen van geestelijke toestanden voorgesteld. In de traditionele poëzie is Jozef het idool van de dichters. Hij is het toonbeeld van schoonheid, tot hem wenden zich de harten van de verliefden, zoals vroeger het intens verlangen van Sulaika. Bij Iqbal vinden we dit beeld nauwelijks. Zijn helden zijn de strijdende profeten Adam, Abraham en Mozes. Hun kunst, zo schrijft Iqbal in een brief, moet de moslim in zich proberen te realiseren.

Adam is uit klei gevormd maar tot Gods stadhouder aangesteld. Hij verschijnt als het model van de mens, die door de tussenkomst van Satan uit het paradijs werd verjaagd. Het is zijn opdracht zijn individualiteit, zijn ware mens-zijn, in een onophoudende strijd met Satan te ontwikkelen. Tenslotte, op het einde der tijden, -zo lezen we in de reeks *Overwinning van de natuur*- overwint hij zijn 'levensnoodzakelijke' tegenstander. Satan buigt voor hem neer, wat hij geweigerd had om te doen toen Adam nog nieuw geschapen was. De schepping van Adam, door de sterren verwacht, en zijn ontwikkeling tot vrije mens zijn centrale thema's in Iqbals lyriek.

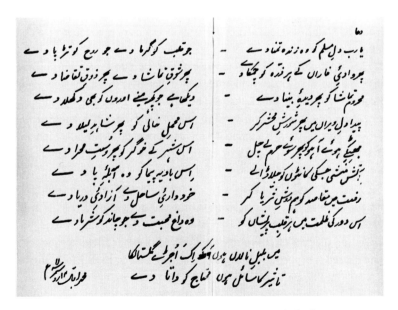

'Een gebed' van Iqbal, in zijn eigen handschrift.

Nog frequenter zijn de zinspelingen op Abraham, de vader van de drie monotheïstische, Semitische religies: jodendom, christendom en islam. Hij wordt voorgesteld als de ideale voorvechter van de absolute, goddelijke eenheid. Hij boog niet voor de *āfilīn*, d.i. de vergankelijke verschijningen van de geschapen wereld, zoals de zon, de maan en de sterren (Sura 6/98), maar alleen voor hun schepper. Dit thema werd ook door Goethe in een stuk van zijn drama over Mohammed opgenomen.

Dank zij zijn onwrikbaar geloof wordt hij van het vuur van zijn achtervolger, de tiran Nimrod, gered, en het "vuur werd koel en aangenaam" voor hem (Sura 20/69). Immers

Als hij aan de *āfilīn* (vergankelijken) ontkomt,
kan hij ook aan het vuur ontkomen *(AH)*.

Zoals Abraham, volgens de Koran, de afgoden van zijn vader Azār kapotsloeg, zo is ook

de wereld een tempel vol afgoden, de man van God een Abraham *(BJ)*.

Volgens de islamitische opvatting heeft hij met zijn zoon Ismail de Kaʿaba in Mekka opgericht. Zo ook moet de ware gelovige "de Kaʿaba van het zelf herstellen". Als Iqbal vaak het contrast tussen de kunstenaar en de profeet aanbrengt, kan hij de ene symbolisch voorstellen als Abraham, "die afgoden kapotslaat" en Azar, die "afgoden beeldhouwt". Door zijn absolute gerichtheid op de ene God, wordt Abraham -dikwijls met zijn bijnaam *khalīl* of 'vriend van God'- het symbool van de vermetele liefde, die zich in de vlammen stort en toch ongedeerd blijft, terwijl de zogenoemde intellectueel vanop het dak naar het vuur kijkt *(ZA)*.

Indien elke ware gelovige zich met Abraham moet identificeren, dan is de rol van Mozes eerder te vergelijken met die van Iqbal zelf. Mozes, *kalīm Allāh*, is "hij die met God heeft gesproken". Hij is voor Iqbal het model van degene die een scheppende dialoog aangaat met God en zoals Mozes uitroept: "Heer, laat me Je zien". Dat roept ook het hart dat verlangt naar de visie van God en dat er niet mee tevreden is God slechts van ver te kennen. Voortdurend komt Iqbal in opstand tegen het woord van God: *lan tarānī* of "Je zult niet zien" (Sura 7/139). Dit antwoord spoort hem alleen aan tot verder zoeken. Hij heeft zich meerdere keren vergeleken met de wetgevende profeet, zo lezen we in *Asrār*:

Ik ben het braambos van de Sinaï - waar is mijn Mozes?

Later wordt zijn pen zo inspirerend "als een twijg in het brandende braambos". Het beeld van Mozes is niet beperkt tot de ervaring van het vuur in de Sinaï. Mozes is ook degene die met zijn staf de zee in twee splitste en die het water uit de rots sloeg om zijn volk te redden. Vandaar ook komt de titel *Zarb-i Kalīm* of 'Slag van Mozes' van het laatste werk door Iqbal zelf uitgegeven. De 'slag van Mozes' is dat wat Söderblom genoemd heeft het "profetische neen" aan al wat schadelijk en gevaarlijk schijnt in het leven. Daarmee ook werd zijn dichtwerk voltooid. Dit geldt tevens voor een ander fenomeen, nl. dat van de "witte hand" (Sura 20/23), eveneens bekend vanuit het Oude Testament, doch in een andere context. In de islamitische overlevering gold de 'witte hand' als type voor het profetische woord of meer algemeen, als teken voor de scheppende activiteit van hen die van God vervuld waren, de gelovige mensen. De "witte hand werd aan de zwarten gegeven" *(PM)*, d.w.z. activiteit in positieve zin kan door elke moslim, van elk ras of stand, volbracht worden.

Dergelijke activiteit, zoals de wonderstaf van Mozes, zal valsheid stukslaan die verschijnt in de door magie bezeten slangestokken van de tovenaars van de Farao. Zoals voor vroegere dichters is ook voor Iqbal de Farao een tiran, die de nationalistische heerser symboliseert en die geweigerd heeft te luisteren naar het woord van iemand die van God vervuld is.

Jezus, die vanuit de Koran bij moslims goed bekend is als de laatste profeet vóór Mohammed, geboren uit de maagd Maria, verschijnt bij Iqbal eerder negatief. Hij spreekt wel, zoals zijn voorgangers, van de levengevende adem van Jezus, maar voor hem, en ook voor veel van zijn voorgangers, komt Jezus eerder voor als een ideaal, dat men niet kan en moet nabootsen: Zijn weg is wereldvlucht en kloosterleven. Deze weg is niet voor de moslim die de wereld beheerst. Hij heeft eerbied voor de leer van Jezus over menselijke gelijkheid, maar komt er steeds opnieuw op terug dat het christendom vanaf het begin teveel het lijden heeft benadrukt -hierin bootst hij Nietzsche na- en daarna te sterk is beïnvloed door het Hellenisme. Met Luther is het in een nationalistisch vaarwater terecht gekomen en nu wordt het door zijn eigen aanhangers in de steek gelaten. Hierbij wordt het christendom beoordeeld volgens de maatstaf van de idealen van het evangelie. Maar bij Iqbal spelen ook politieke motivaties: het zijn de verzuchtingen van een natie onder Brits koloniaal bestuur.

Van de overige profeten uit de Koran speelt alleen nog Sulaiman of Salomo een belangrijke rol in het dichtwerk van Iqbal: hij wordt tegenover Salmān gesteld, de Perzische barbier van Mohammed, die steeds grote verering genoot vanwege de gelovigen, vooral in de sji'ietische wereld. Deze Salmān is het ideaal van *faqr* of 'armoede' van degene die zich in de rijkdom van God geborgen weet (en aan het schoonheidsaspect van God toebehoort). Salomo aan de andere kant symboliseert de triomferende macht, waarin Gods majesteit zich kenbaar maakt. Beide mannen horen samen, zoals in het Arabisch hun namen van dezelfde wortel zijn afgeleid.

We vinden in Iqbals werk een profeet die niet in de Koran voorkomt, met name Zarathoestra, die de aandacht van Iqbal had getrokken tijdens zijn doctoraatstudie. Dit werd later nog versterkt door het werk van Nietzsche. Ook vanuit het standpunt van de godsdienstgeschiedenis plaatst Iqbal hem correct: het zoroastrisme is een profetische godsdienst, waar speculatieve mystiek niet aanvaard wordt -

Dagelijkse bewaring van moeilijke dienst -
Anders heeft het geen openbaring nodig,

lezen we in Goethes beschrijving van deze godsdienst. Hun sterk gemeenschapsgevoel was voor Iqbal belangrijk en precies met het voorbeeld van deze Iraanse profeet heeft hij in *Jāvīdnāma* het onderscheid duidelijk gemaakt tussen profetische en mystieke religiositeit: strijdend staan in de wereld en niet de wereld verlaten in een "vlucht van de ene naar de Ene". De traditionele associatie tussen Zarathoestra en Mozes -die beiden met 'vuur' verbonden zijn- bracht Iqbal ertoe Einstein "een Zarathoestra uit het geslacht van Mozes" te heten.

Hier en daar worden ook figuren uit de islamitische geschiedenis als symbolen aangebracht. De voornaamste rol word-
toebedeeld aan ⁽Alī, die ook *Haidar* of 'Leeuw' wordt genoemd. Hij krijgt zelfs -en dit is zeer ongewoon voor een Sji'iet- de erenaam *Yad Allāh* of 'Hand van God' (zie Sura 48/10), en *Asad Allāh* of 'Leeuw van God'. Iqbal heeft in *Asrār* een apart hoofdstuk gewijd aan de bijnamen van ⁽Alī. Samen met zijn zoon Husain, de martelaar van Kerbela, wordt ⁽Alī, die de vesting van Khaibar binnendrong -vandaar het rijm Haidar-Khaibar- geregeld voorgesteld als de ideale gelovige. Husain krijgt daarbij soms zijn troetelnaam

Schabbîr. Ook Mahmud van Ghazni, de Afghaanse heerser die rond 1000 Noordwest-Indië binnentrok, wordt geregeld vermeld: heeft zijn sterke arm niet de afgodentempel van Somnāth[4] vernield? Zo schrijft hij dat de 'liefde' Mahmud het 'intellect' Somnāth heeft overwonnen *(AK)*. Veel lezers waren geschokt omdat Iqbal zelfs de schrikwekkende veroveraar Timur als symbool van de macht vermeldde *(BJ)*. In een brief heeft hij ontkend daar meer dan een symbool in te willen zien.

De figuren van de 'helden' zijn wel belangrijk in het werk van Iqbal, maar toch is zijn dichterlijke woordenschat daarvan niet afhankelijk. Zoals de dichters vroeger, heeft hij ook over wijn en schenkers gesproken als de wijn de drinker tot nieuwe activiteit kon aansporen, maar niet om hem in een roes te laten verzinken. Veelvuldig maakte hij gebruik van beelden uit de natuur. Reeds in zijn vroegste gedichten valt de kleurenpracht op. Ook hier worden traditionele beelden van een nieuwe betekenis voorzien. Eén van zijn meest tedere gedichten is aan de roos gewijd. Deze bloem, het toonbeeld van schoonheid en bij vele dichters ook van vergankelijkheid, wordt bij Iqbal het symbool van de ziel die zich in de stilte van het paradijs niet meer lekker voelt en naar verandering, naar echt leven verlangt:

In de hemelse rozentuin sprak een Hoeri:
"Ik heb nooit geweten wat aan die kant is.
Was is dat: dag en nacht, morgen en avond?
Geboorte en dood, die kent mijn verstand niet."
Zij werd een geurige adem, ontsproten aan de rozetak -
Zo kwam ze dit land binnen.
Ze opende haar oog, werd een knop, lachend,
Werd een roos - blad na blad viel in het zand.
En van de zachtheid die de boeien losmaakte
bleef alleen een ach! men heeft het adem genoemd. *(PM)*

Belangrijker nog is de liefde van Iqbal voor de tulp, die trots zegt:

Op de morgen van de eeuwigheid was ik een vlam in de schoot van de liefde,
Die oplaaide vóór de vlinder en de nachtegaal verschenen.

---

(4) Dit is de zeer belangrijke hindoe tempel, aan Shiva gewijd, in Gujarat, India (vertaler).

Ik ben meer dan de zon en ik lig in elk klein stofje,
Uit mijn glans schiep de hemel een vonkenvloed... *(PM)*

Van oudsher was de roos, die in een prachtige tuin door een briesje zacht
gestreeld wordt, een symbool voor de geliefde. Op haar honderd blaadjes
staat de boodschap van eeuwige schoonheid geschreven. De tulp echter is een
bloem van de vrije natuur, de steppe. Haar rode kleur is niet alleen met de
zon en het vuur, maar ook met de bloeddoordrenkte kleren van martelaren
verbonden. Zij is "martelaar van de al-eeuwigheid" *(BJ)* en draagt "het
brandmerk van de scheiding" *(ZK)*. Voor Iqbal wordt de tulp een beeld van
de ziel die zich inzet om naar buiten te treden, die zich vergelijkt met het vuur
van Mozes:

Een verdwaalde zwerver ben ik, een verdwaalde zwerver ben jij -
Waar is je rustplaats dan, jij tulp van de steppe?
Jij komt boven de stengel uit, ik maakte me los van de stengel -
Geluk in de bekendmaking, vreugde in énigheid... *(BJ)*

De *Tulpen van de Sinaï* (een vierlijn-bundel in de *Boodschap)* zijn niet afhankelijk van de zorg van een mensenhand. Zij willen zich alleen losmaken
van de knollen en de wereld verhelderen. Als Iqbal in *Misāfir* een vergelijking maakt tussen de mystieke dichter Sana i van Ghazni en "de kleur en
het karakter van de tulp", is dat een eerbetoon, ook al had hij zich vroeger
afkerig opgesteld tegenover Sana i. Iqbal weet dat tulpen zullen bloeien in
het stof van zijn graf, want bloemen op een graf verraden de zielstoestand
van de overledene. Tulpen

die zwijgen; maar hun lied is vol bloed *(AH)*.

Ook vroeger had hij gebeden:

Als ik sterf: maak uit mijn stof ruikers van tulpen,
Laat me in de steppe bloeien, hernieuw het teken van de gloed.

Samen met deze verering van de tulp zien we ook het respect voor de valk.
De nachtegaal die in een rozentuin klagend fluit is niet de lievelingsvogel van
Iqbal, hoewel hij in zijn gezang toch een uitdrukking ziet van scheppend

verlangen. Zijn ideaal is de valk die eenzaam op rotsetoppen leeft en niet tevreden is met een kleine buit.

Jij bent een valk, vliegen is je opdracht,
Voor jouw bestaan nog steeds nieuwe hemelen.

Dit haast spreekwoordelijke vers komt uit *Bāl-i Jibrīl*. Hard zijn, liever
honger hebben dan afval te eten, hoger en hoger vliegen - dit zijn de eigenschappen van de valk en van de edele mens:

Europe en het Westen, een wereld voor mussen,
De eindeloze hemelen, diepblauw, zijn voor mij;
Want ik ben de derwisj in het rijk van de vogelen:
De valk, die geen nest bouwt! *(BJ)*

Ook bij Rumi komt de valk voor als 'zielevogel' en als symbool van de liefde
die alles met zich meesleept. We moeten even Iqbals vers in *BJ* vermelden,
waarin hij spreekt over de "valk van de koning van het *laulāka*", voor wie
"engelen en Hoeri's slechts kleine buit" zijn. De "koning van het *laulāka*" is
de Profeet. Omwille van hem zei God *Laulāka, mā khalaqtu ʿl-aflāka* of 'als
jij er niet was, had ik de hemelen niet geschapen'. Dit betekent dat de mens,
die zich toevertrouwt aan de meeslepende hand van de Profeet, een dappere
valk in de hemel kan worden.

Iqbal houdt ook van de glimworm die met zijn eigen licht schijnt:

Een stofje zonder kracht verkreeg
Waarde en macht in de eigen ziel,
Het verlangen heeft het zo verbrand
Dat het zichzelf tot vlinder maakte,
En zo de nacht verlicht... *(PM)*

Tijdens de zomeravonden zijn de oevers van het kanaal in Lahore vol glim-
wormen. Toch denken we hier ook aan de symboliek van de Oepanishaden,
waar het 'zelf' of *ātman* geen enkel vreemd licht meer nodig heeft.

Het zou natuurlijk verbazend zijn als we ook bij Iqbal niet het beeld
zouden vinden van de vlinder, die zich in de vlam stort, een beeld dat sinds
Hallāj bekend is in de islamitische poëzie.

In het niet-zijn hoorde ik een vlinder spreken:
"Geef me slechts een zucht van vlammen uit het leven -
Gooi 's morgens mijn as in het rond:
Geef me de bedwelmende gloed van één nacht!" *(PM)*

Diametraal tegenover deze vlinder die de vreugde van liefdesverbranding kent, staat de boekenworm die in de handschriften met Arabische filosofie een miserabel leven leidt:

's Nachts hoorde ik in mijn bibliotheek
Een boekenworm aan de vlinder vragen:
"Ik woon in de bladzijden van Avicenna
En ik weet alles over de teksten van Fārābī -
Maar ik begrijp niets over de zin van het leven!
Ik leef in het duister, dagen zonder zon!"
Zo mooi antwoordde daarop de halfverbrande vlinder:
"Hierover moet je toch de boeken niet ondervragen!
Alleen koortsachtige gloed kan nieuw leven brengen!
Alleen koortsachtige gloed geeft aan je leven vleugels!" *(PM)*

'Halfverbrand' is een lievelingsterm van Iqbal. Steeds opnieuw vermeldt hij het *sūzisch-i nā-tamām* of 'het nooit voltooide branden', en het *kūschisch-i nā-tamām* of 'het nooit voltooide streven'. In zijn Urdu poëzie heet het *tarapnā* en *ḍhūḍhnā*, beide in de betekenis van 'intensief zoeken'.
Het is onmogelijk om alle beelden en retorische vormen hier te vermelden. Wat we hier hebben behandeld is representatief en helpt om zijn poëzie en zijn levensopvatting te begrijpen.

Nog één beeld moeten we speciaal vermelden. In de *Boodschap* heeft hij een dichterlijke parafrase gegeven van Goethes *Mahomets Gesang*. Daarin vond hij een treffend voorbeeld van profetische activiteit in de symboliek van de stroom, die uit een kleine bron ontspruit, alle hindernissen overwint, alle beken en stroompjes in zich opneemt en tenslotte in de oceaan uitmondt. Hij had bewondering voor Goethe, die zo treffend de profetische geest had verstaan. Dit symbool is bijzonder passend, aangezien het reeds in de vroege middeleeuwen door sji'ietische theologen werd gebruikt. Ook met dit beeld heeft Iqbal zijn betrokkenheid op de 'profetische geest' aangeduid: in *Jāvīdnāma* heeft hij, tijdens zijn reis door de sferen, de term *Zindarūd* of 'levende stroom' aan Rumi ontleend. In *Pas* lezen we dat "zijn innerlijke leven als een wilde beek is, die niet rusten kan", die zelfs van de stenen geniet *(AH)*. Iqbal sluit zich voortdurend aan bij de profetische verkondiging. Hij noemt zichzelf de "karavaanbel van de profeet", aan de voeten van zijn kameel. In zijn dichtwerk voelt hij zich gelijk aan de engelen. Een echt mooi gedicht is "het lied van Gabriël of het geween van Isrāfīl" *(ZK)*, dat met bazuingeschal het laatste oordeel aankondigt. Hij weet:

Mijn lied heeft niets te maken met verliefdheid,
De bazuinen van Isrāfīl zijn niet goed voor het hart. *(BJ)*

Sinds *Asrār* is Iqbal steeds op deze dichterlijke positie teruggekomen. Als de ware gelovige, die hij in feite zelf is in zijn dichtwerk, uitroept: "Sta op", dan staan alle dode zielen op en een nieuwe wereld begint. De 'vrije' mens wordt door de dichter vergeleken met de engel bij het laatste oordeel, want:

In de aanwezigheid van God heeft Isrāfīl mij aangeklaagd:
"Die mens daar heeft te vroeg de opstanding bewerkt." *(BJ)*

Daarin ligt de geweldige, maar ook voor hemzelf gevaarlijke opdracht van de ware, scheppende dichter.

DE HEMELREIS VAN DE DICHTER

Een analyse van de *Jāvīdnāma*

Het meest fascinerende werk in het oeuvre van Iqbal is het *Jāvīdnāma* of 'Boek der eeuwigheid' dat hij opgedragen heeft aan zijn zoon Jāvīd. Niet alleen het thema is boeiend, maar het biedt ons als het ware een encyclopedie van de religieuze, filosofische en politieke idealen van de dichter. Het is, zoals Jacques Berque ergens schreef, een "grandioos werk" met "kosmische inspiratie". Zoals elke *mathnawī* van Iqbal, is ook dit werk beïnvloed door het grote *Mathnawī* van Rumi, hoewel hij er een aantal *ghazal*s en één-lijn verzen uit zijn *Zabūr-i* ʿ*ajam* en soms uit de *Boodschap* heeft aan toegevoegd. Zoals hij zelf getuigde, is hij sterk beïnvloed door de *Divina Commedia* van Dante, hoewel er geen beschrijving is van de hel en hij het thema van zonde en verlossing nauwelijks aanraakt. Reeds in zijn jeugd had Iqbal ervan gedroomd iets te schrijven als Miltons *Paradise Lost* en in 1916 vermeldt hij een gepland werk, getiteld *Iqlīm-i khāmūschān* of 'Wereldbuurt van de Stommen'. In feite ligt de ware bron van zijn visie over de hemelreis in de islamitische traditie zelf. De overlevering vertelt immers dat de Profeet op een nacht door de engel Gabriël eerst naar Jerusalem, en daarna in de tegenwoordigheid van God werd geleid. Natuurlijk moest Gabriël blijven staan bij de "lotusboom van de buitenste grens". Op dezelfde manier verdwijnt ook Iqbals leider, Jalāluddīn Rumi, vóór ze Gods tegenwoordigheid bereiken, zoals ook Vergilius in de *Divina Commedia* het Heiligste niet betreden mag. Het motief van een hemelreis situeert zich in een brede context van de godsdienstgeschiedenis. Reeds in het pre-islamitisch Iran vinden we een basis in het *Arda-Viraf-Nama*. In de klassieke oudheid werden gesprekken in het hiernamaals gebruikt om kritiek uit te oefenen op de hedendaagse tijd. Om dezelfde reden ook is het thema in de Arabische wereld toegepast door de blinde en skeptische, Arabische dichter Abū'l-ʿAlā- al-Maʿarrī (overleden in 1057), in zijn *Risālat al ghufrān* of 'Epistel van de Vergeving'. Met onovertroffen woordspelingen en scherpzinnige ideeën geeft hij daarin zijn literair-kritische inzichten: een meesterwerk in ironie. In 1932, toen ook Iqbals werk verscheen, publiceerde Jamīl Sidqī az-Zahāwī in Irak zijn *Opstand in de Hel*, als een bijtende kritiek op de politieke en culturele toestand in de Arabische wereld.

In beide bovenvermelde Arabische werken ontbreekt het geestelijke element praktisch volledig, terwijl in Iqbals *Boek der eeuwigheid* het oude, mystieke thema van opstijging van de ziel verbonden wordt met politiek-religieuze kritiek. Tegelijk ook wordt de apotheose voorgesteld van de volmaakte mens, van diegene die door een aanhoudend streven zijn persoonlijkheid zo sterk gerealiseerd en tot ontplooiing heeft gebracht, dat hij tijd en ruimte overstijgt en in vruchtbare dialoog met de "Levende en Bestendige" treedt.

Bij zijn opsomming van de sferen volgt Iqbal de traditionele modellen. Alleen de zon ontbreekt en worden de kenmerken van de sterren soms anders beschreven. Zelden ook vinden we er verwijzingen naar de klassieke, astrologische systemen.

De grote epen van de Perzische traditie beginnen meestal met een aanroeping van God of met een gebed. Dit zien we ook in de *Jāvīdnāma.* Dit zijn de eerste lijnen:

Heel kleurrijk verschijnt de mens in deze kosmos,
Als een harp klaagt hij zonder ophouden;
Hij brandt van verlangen naar gelijkgezinden
En doet hen kennen het hartverscheurende klagen.

Dit is een duidelijke zinspeling op de eerste verzen in Rumi's *Mathnawī,* waarin de rietfluit van zijn eeuwige basis verwijderd is en naar zijn echte metgezellen zoekt. De dichter smeekt dan om een visie van God: alleen Zijn glans, Zijn manifestatie geven aan het leven een zin. Had Hij zelf niet in de Koran aan de mensen opgedragen: "Roept mij en ik zal antwoorden" (Sura 40/62)? Deze goddelijke weerschijn zal aan de dichter, zoals weleer aan de Profeet, kracht geven om Hem en Zijn orde te verkondigen. Hij voelt immers dat hij het geheim van de dynamische liefde moet meedelen:

Ik ben een zee en niet-bruisen is voor mij zonde!

Het gebed besluit met de hoop dat hij de jeugd kan beïnvloeden:

Ik was de oude meesters beu

En verkondig het woord van de dagen die komen moeten.

Maak mijn woord zoet voor de jeugd!

Laat hen mijn oceaan bereiken!

Het openingsgebed volgt het klassieke, Perzische model, maar het eigenlijke begin is analoog met dat in het werk van Goethe: een *Proloog in de Hemel* en een *Proloog op Aarde* bereiden de scène voor waarop het toneel zal gespeeld worden. De lezer wordt teruggevoerd naar de eerste scheppingsdag:

Het leven heeft de maan en de sterren geleerd hoe licht te geven;

Het heeft aan de hemel honderd lampen aangestoken,

In de blauwe hemel heeft de zon opgeslagen

Haar tent van brokaat met zilveren kant.

Alleen de aarde is nog omhuld door een rook-tulband, stom en verstard en wordt door de hemel voor haar blindheid gelaakt. Vanuit het hiernamaals wordt aan de bedroefde aarde gemeld dat zij is uitverkoren om uit haar stof het licht van de ziel te laten groeien. Op aarde immers zal de mens ontstaan: zijn geest zal deze wereld en zijn liefde het hiernamaals veroveren. Ook al lijkt hij "ondankbaar en bloedig" (Sura 2/31), toch zal hij de dag en het lot aansporen. En de engelen vatten een lofzang aan over de toekomstige mens:

Nog hoger dan de 'uit licht geborenen' wordt de mens, een handvol stof,
    ooit,

Zijn wil zal dit aardse stof tot hemel maken,
    ooit...

We krijgen hier dus geen lofzang van God, zoals in *Faust,* maar de vreugde van de engelen over de mens, die de wereld ooit beheersen zal. Dit thema komt geregeld voor in Iqbals oeuvre, vooral in *Bāl-i Jibrīl*: geheel de schepping, de melkweg, de sterren, de blauwe hemelen kijken verlangend naar hem uit, en iets verder lezen we:

De liefde zocht en streefde, en de mens werd geschapen,

Uit het lemen gordijn schittert nu zijn licht.

Zon en maan en sterren, hoe graag zou men die uitwisselen

Voor een handvol aarde, dat een hart bezit! *(ZA)*

Zij die uit het licht zijn geboren, worden bedwelmd door het zien van hem die uit het stof is geboren! *(BJ)*

Dan volgt de *Proloog op Aarde*. Daarin beschrijft Iqbal zijn eenzaamheid bij zonsondergang aan het strand - wellicht een echo van zijn nota's van 1910:

Al de wonderlijke boekenwijsheid uit uw bibliotheek is niet veel waard in vergelijking met de grootse zonsondergang aan de oever van de Ravi.

Hij zoekt een *mens* en onwillekeurig komt een gedicht van Rumi in zijn geheugen: de *ghazal* waarin Rumi het motief aanheft van het zoeken naar de 'mens'. Dit vinden we regelmatig bij hem terug:

Gisteren trok mijn meester met een lamp rond de stad:
"Geesten, getier! Terwijl ik een mens zoek, zuiver en toegewijd!"

Inderdaad, "wat men nooit vindt, dat verlangt men" - en dit wordt ook Iqbals instelling. Als tegenhanger voor Rumi's gedicht heeft hij in de *Boodschap* geschreven:

Een pijl, een dolk, een zwaard - dat alleen zoek ik.
Ga niet met mij! Ik zoek Husains pad vol doornen.

Hij droomde van martelaarschap voor de ware religie, van "vuur in het eigen nest" te kunnen gooien.
De *ghazal* van de eenzame dichter heeft het effect van het smeekgebed. Van achter een berg verschijnt Rumi, "het licht voor de weg van de vrijen" *(BJ)*. De dichter wordt weggerukt door de lichtende verschijning en begint onmiddellijk de vragen te stellen die hem zo op het hart liggen, zonder -en dat is opvallend- zelfs een welkom uit te spreken. Het probleem betreft wat "voor de hand ligt", wat "lofwaardig" is en wat "moet afgekeurd worden". Rumi geeft hem raad:

Aanwezig is dat wat ernaar streeft om kenbaar te worden...

Wijst het vers in de Koran (Sura 7/171) over het oer-verbond er ook niet op dat God een getuigenis verlangde voor Zijn bestaan, toen hij tot de ongeschapen mensheid sprak: "Ben ik niet Uw heer?", en zij antwoordden: "Ja, dat getuigen wij!". Getuigenis van het zelf is drievoudig: zichzelf te voelen, dan zich in het licht van andere mensen te zien en tenslotte, zich in het licht van Gods wezen te herkennen:

Op de plaats van het 'zelf' aankomen, dát is leven!
Het Zijn zien zonder sluier, dát is leven!

We kunnen ons afvragen of deze klemtoon op 'getuigenis' om een mens ten volle mens te maken, niet onbewust verbonden is met het begrip van "getuigen in de hemel". In de Perzische Soefi traditie (Suhrawardi, Kubra e.a.)[5] speelt dit begrip een zeer belangrijke rol. Iqbal was toch goed vertrouwd met de klassieke Iraanse traditie en wellicht herinnerde hij zich dit nog. Wellicht is de zinspeling op het vers in de Koran: "Dat U zoudt getuigen voor de mensen" (Sura 2/137) meer voor de hand liggend.

Iqbal gaat verder en wijst zijn toehoorders erop dat het de moeite loont het afgesleten beeld opnieuw te bewerken en zichzelf op de proef te stellen. De twijfelende dichter vraagt hoe de mens, die gevangen is in het net van het lot, toch die berg van leem en water, de materiële wereld, kan klieven en bij God kan komen. Rumi herinnert hem aan het vers in de Koran: "Alleen door macht, *illā bi-sultān*" (Sura 55/33). Deze macht kan hem een tweede geboorte geven, de geestelijke geboorte die niet door wijn, maar door gelach wordt begeleid.

De geboorte van een kind verwondt het lichaam van de moeder,
De geboorte van een man verwondt de wereld -

Met deze idee, die nauw bij die van Rumi aansluit, heeft Iqbal altijd opnieuw het belang benadrukt van de geestelijke geboorte. Als Iqbal dan vraagt wat die geboorte is, wordt hij ingelicht over de rol van liefde en van verstand. Ook dit thema speelt een belangrijke rol in het werk van Rumi en staat tevens centraal in het oeuvre van Iqbal. Voor de eerste keer in *Jāvīdnāma* vinden we hier het tegengestelde paar, zo typisch voor Iqbal, van *jilwa* of 'zich kenbaar maken' en *khalwa* of 'eenzaamheid'. Het samenspel van beide begrippen maakt het echte leven.

---

(5) Zie Henry Corbin, *Die smaragdene Vision. Der Licht-Mensch im persischen Sufismus.* München 1989.

Het verstand wordt meegetrokken om zich kenbaar te maken
De liefde trekt naar het strand van eenzaamheid.

Alleen het evenwicht kan de mens op het juiste pad leiden, zoals we lezen in
Gulshan-i rāz-i jadīd:

Aanschouw Zijn eenzaamheid met één oog,
Ziet Zijn schittering met het andere oog,
Sluit hij één oog, dat is zonde,
Ziet hij met beide ogen, dat is het juiste pad.

Het verstand, gaat Rumi verder, stort zich in de wereld en ziet in elke steen,
in elke wolk een duiding, die hem verwijst naar de alles leidende, goddelijke
kracht. Het kruipt voorzichtig voort als een mier, maar

De liefde kent dag noch jaar,
Van dichtbij of van ver, snel, langzaam, is ze weg, verdwenen.

Ook in het klassieke Soefisme wordt deze tegenstelling gemaakt, in een
enigszins andere vorm: de *sālik* of "wandelaar" gaat trap na trap op het
mystieke pad, terwijl de *majdhūb* of "ontrukte" in één grote zwaai in Gods
aanwezigheid wordt gedragen. In de wonderen van de profeten en de heiligen manifesteert zich, voor Iqbal, deze liefde. In de eenzaamheid getuigt zij
van Gods glorie *(kibriyā)* en in 'het kenbaar maken' speelt zij de rol van
Mohammed *(mustafā-ī)*.

Zij klieft de schedel van Nimrod zonder slaan,
Zij versloeg het leger van de Farao zonder veldslag.

Volgens de legende werd de tiran Nimrod gedood door een insect dat in zijn
hersenen binnendrong, waarna het leger van de Farao verdronk. De liefde
klieft zelfs de maan, zoals blijkt uit het wonder van de Profeet dat uit Sura
54/1 wordt afgeleid. De liefde veroverde de vesting van Khaibar enkel en alleen met een gerstebrood, zoals ᶜAlī, de schoonzoon en neef van de Profeet,
het klaarspeelde. Ja, de liefde maakt het mogelijk dat de mens zich op het
paard van tijd en ruimte zwiert. Zij brengt hem tot de rechtstreekse visie.
Dit wordt door Rumi met een vers verklaard. Het lichaam is verbonden met

de vier richtingen, met kleuren en geuren, en dus met de zintuigelijke wereld. Het opstijgen naar de hemelse verten geschiedt door een omkering van de zintuigen. Zij worden veranderd in boven-zinnelijke zintuigen, die de verlangende zoekende de geestelijke werkelijkheid doet ervaren.

Bij dit vooruitzicht bibbert de dichter als kwikzilver. Plots ziet hij een engel met twee gezichten: één oog waakt, het andere slaapt. Hij is half vuur, half rook, met fetisjen die voortdurend van kleur veranderen. Hij is Zurwān, de bedwinger van de tijd, de god van de tijd. Reeds in het oude Arabië was er een voorstelling van de tijd 'met twee kleuren'. Zurwān, de oud-Iraanse god van de tijd moest, volgens een bepaald geloof in de Iraanse traditie, het dualisme van Ahura Mazda, het goede en Ahriman, het boze principe, overbruggen. Hij gaat er prat op dat alles eigenlijk van hem afhangt:

Het koren wordt een jonge aar door mijn adem,
De scheiding komt van mij, en ook de vereniging;
Alleen ik ben leven, dood en opstanding,
Afrekening, hel, paradijs en Hoeri...

Deze tijd is, zoals Iqbal schrijft in het gedicht over *De Moskee van Cordoba*, diegene die de "ketting van dagen en nachten weeft" en zo met attributen een gewaad maakt voor het on-erkenbare goddelijke wezen. Reeds in *Lied van de tijd* in de *Boodschap* lezen we:

Ik ben bewogen en rustend - zie dat grote wonder!
Zie in mijn wijn van vandaag het 'hoe' van morgen!
In het hart aan mij verborgen aanschouw honderd werelden,
Zie honderd sterren bewegen, harmonie van de hemel:
Ik ben het kleed van de mens, het gewaad van God.

De Zurwān van Iqbal leert de mens ook hoe hij uit de ketting kan ontsnappen. De oplossing ligt in het woord van de Profeet: "Ik heb een tijd met God, *lī maʿa Allāh waqt*, waar zelfs Gabriël of gelijk welke geschapen engel niet toegelaten zijn". Het is het *nu*, waarover onze middeleeuwse mystici het hebben: in extase treedt de mens in verbinding met het *nunc aeternum*. Er zijn immers twee niveaus van tijd, zoals Iqbal altijd beklemtoonde. Daarbij steunde hij zowel op de islamitische denkers als op Bergson. De geschapen tijd, die vooruitschrijdt en kan gedeeld worden, gelijkt op de gordel van een goochelaar *(zunnār)* waarin al het geschapene verstopt is (Zurwān, zo toont

H. Corbin aan, is als een gordel voorgesteld geworden). Er is anderzijds de goddelijke tijd, waarin de mens kan optrekken om bevrijd te worden van alle aardse beperkingen van de tijd. Deze beeldspraak vinden we terug in al de werken van Iqbal. Hij weet dat de mens die zegt: "Er is geen god buiten God", ook geen tijd of ruimte meer kent. Met een mooi beeld in het *Lied van de tijd* *(BJ* 175) laat Iqbal de tijd zeggen dat hij dag en nacht als kralen aan een rozenkrans laat verschuiven. Ook de tegenstelling tussen rozenkrans *(tasbīh)* en gordel van de goochelaar *(zunnār)* behoort tot de klassieke beeldspraak. In de Perzische traditie werd de tweevoudige tijd aangeduid met de begrippen *zamān anfusī* en *zamān āfāqī.* Dit verwijst naar het vers in de Koran (Sura 41/53), waarin God de mens Zijn werken laat aanschouwen "in uzelf, *anfus,* en in de horizonten, *āfāq".* Het is niet moeilijk om een parallel hiervoor te vinden in de westerse en de Duitse mystiek. Angelus Silesius:

Ik zelf ben eeuwigheid, als ik de tijd verlaat
en ik mij concentreer in God en God in mij.

De verschijning van de god van de tijd rukt Iqbal uit zichzelf en met de blik van het hart schouwt hij nieuwe werelden. De sluiers vallen weg en hij hoort het zoemen van de sterren. Zij heten dit "beeld van aarde aan het strand van de oneindigheid" welkom. De sterren zijn gebonden in hun eeuwige orde:

Onze orde, dat is ons 'zijn',
En onze levensloop is in bedwelming en wijn,
Rusteloos ronddraaien en zwerven in rijen,
Dat moet voor eeuwig ons leven zijn.
Als de hemel zich naar onze wens draait -
    Kijken wij toe en trekken verder. *(PM)*

Zij zijn jaloers op de mens en ze kijken uit om hem te zien die weet dat "het eeuwig leven groeien is".

Wie ben jij? Vanwaar kom je? De hemel kijkt
Met duizend sterre-ogen naar jouw... *(ZA).*

Dit schrijft hij later in een Urdu gedicht. De dichter wordt ingelicht over de situatie van de sterren. Zij manen hem aan om "aan de Syriërs, Perzen en Indiërs die teveel zoetigheid gewoon zijn", eerder zuur verlangen te schenken

in plaats van verweekte dromen. In de laatste strofe van hun lied wijzen ze
nog eens op het dubbele gezicht van alle leven: aan de ene kant het rusteloos
zoeken van de arme, d.w.z de echte derwisj, en aan de andere kant de macht
van Alexander. De eerste doodt met de blik, de tweede met een leger. Hoewel beiden de wereld veroveren is het de derwisj die, de weg van Mozes
volgend, in staat zal zijn om de dam van Alexander kapot te breken, om de
glans van de goochelaar te vernietigen. Immers, hij verkondigt de schoonheid
en genade van God.

Daarna begint de eigenlijke reis: het 'ontrukken' van de dichter om eindeloze ruimten voor zich te hebben, om door de woestijn van het zoeken te
spoeden, doet hem uitroepen:

Vraag aan God nog zeven andere sferen,
Vraag nog honderd ruimten, honderd tijden.
In de paradijsstroom onderduiken,
Zonder wens, ver van de strijd van goed en kwaad:
Als dát onze redding zou zijn: vrij van streven -
Dan is een graf nog beter dan dát hemelsleven!

En nu brengt Rumi de reiziger naar de eerste sfeer, die van de maan: daar
zijn schrikaanjagende bergen, daar groeit geen plantje en toch is deze sfeer
vol wonderbare geheimen. De reiziger vindt daar, in een grot, de hindoe wijze
Jihāndost. Hij woont in een demonenland, met hoge palmen en blijvend
schemerduister. Deze wijze is -en dat klinkt ook uit zijn Perzische naam-
niemand minder dan Vishvāmitra uit de Mahābhārata. Hij onderwierp zich
eeuwenlang aan de strengste ascese om de wenskoe te kunnen veroveren.
Zoals elke hindoe asceet heeft hij zijn lang haar opgerold op het hoofd en
draagt hij een witte slang als gordel. Hij erkent "de wereld als in een beeld in
zijn dromen-klooster". Verbaasd vraagt hij wie die gezel van Rumi is, die een
brandend verlangen naar leven in zijn ogen heeft. Rumi introduceert hem als
een eeuwig zoekende, die als een fluit onophoudelijk klaagt van verlangen.
Dan vraagt de hindoe Rumi naar de relatie tussen de wereld en de mens. In
zijn antwoord formuleert Rumi de idealen van Iqbal:

De mens: een zwaard, door God gehanteerd!·
De wereld: de wetsteen voor het vlijmscherpe zwaard.

Dit beeld vinden we overal in het oeuvre van Iqbal terug. Rumi vat ook de kritiek van Iqbal bondig samen:

Het Oosten vond God en vergat de wereld;
Het West vergat God en veroverde de wereld.

Dit is het steeds opnieuw bezworen contrast tussen het 'spirituele Oosten' en het materiële Westen. Dit vinden we reeds in het middeleeuwse Soefi gedachtengoed, in het verhaal van Suhrawardī over de 'westerse balling-schap' van de ziel en dat contrast schijnt vandaag nog te bestaan. De hindoe luistert geïnteresseerd naar de beschrijving van de ware mens als degene die God en zichzelf zonder sluier kan zien. Hij stelt dat de hemelbewoners zich alleen bezig houden met de schouwing, maar dat hij juist die voormiddag een engel gezien had die als betoverd naar de aarde keek, want "de opstanding komt uit het Oosten". Dit is Iqbals hoopvol antwoord aan Spenglers 'Ondergang van het Westen'. De engel heeft een opstanding gezien in het Oosten. Hij heeft Jozef, die in de waterput gevangen zat, zien opstijgen naar het licht en hij roep verrukt uit:

De engelen rond de troon vieren feest,
Bij de opstanding van een natie uit de slaap!

Maar de bezoeker wordt ongeduldig en de hindoe vraagt hem om verklaring voor bepaalde problemen:

Hij zei: "De dood van het verstand? Het denken opgeven!
De dood van het hart - Het gedenken opgeven."
Hij zei: "Het lichaam? Uit het stof geboren!
De ziel? - Symbool van de eenheid van God".
Hij zei: "De mens is? - Een mysterie van God."

De bewering in de laatste lijn vinden we geregeld bij de Soefi's. De martelaar-mysticus Hallāj had uitgeroepen: "Ik ben de goddelijke waarheid", maar Ibn ʿArabī en zijn talrijke navolgers verklaarden dat men eerder moest zeggen: "Ik ben het geheim van God". En de dialoog gaat verder. Het bewijs voor de liefhebbende is het gezicht van de beminde (ook dit is een zinspeling op een beroemd Soefi vers). Terwijl de religie van het volk 'horen' is, d.w.z. nabootsen zonder echte ervaring, is de religie van hen die weten, het 'schouwen'. Als dank voor deze antwoorden geeft de asceet hem iets van zijn eigen wijsheid mee, met deze gewaagde uitspraak: de mens is op één punt superieur aan de eeuwig levende God, namelijk in de "kennis rond de dood". In één vers geeft Iqbal ons zijn overtuiging over het hart als orgaan van geestelijke waakzaamheid, een idee die ook in het Soefisme zijn oorsprong vindt:

Een heiden die opgewekt een afgodsbeeld vereert,
is meer dan de vrome die loom naar de Kaaba trekt.

Reeds in het *Antwoord op de klacht* had hij 20 jaar eerder geschreven dat "Ongelovigen die als moslims leven, daarvoor beloond moeten worden". Ook in zijn posthume verzen heeft Iqbal lof voor de brahmaan, die de moeite doet om uit steen een beeld van God te beitelen (en zo zijn liefde voor God toont). Er is bij de Indische moslim dichters, vooral bij Amir Khusrau (overleden in 1325), altijd bewondering geweest voor de ascetische prestaties van de hindoes.

De hindoe is door zijn eigen woorden bedwelmd en verdwijnt. In de sterreloze nacht verschijnt een liefelijke, bonte gestalte die dronken zonder wijn, de *laterna magica* van de dromen draagt. Dit motief komt veelvuldig voor in *Bāl-i Jibrīl*. Dit is, verklaart Rumi, Sarosch die de mensen betovert en de dichters inspireert. In het lied dat hij voor de bezoekers zingt, verwijst hij hen naar de Koran. Hij maant hen aan niet, zoals in een Perzisch gedicht staat, tevreden te zijn met de "olie van de roos", d.w.z. de geur van de roos in zich te bewaren, maar eerder de volledige rozestruik in zich op te nemen. Dit is natuurlijk een ongewone gedaanteverwisseling van Sarosch. In het Iraans zoroastrisme was hij de geest van het horen en het gehoorzamen. Hij woont aan de hoogste pool. In de traditionele overlevering van Iran begeleidt hij de ziel na de dood. In de esoterische traditie wordt hij soms met Gabriël, de engel van de openbaring, geïdentificeerd. Maar eigenlijk is het zijn taak de dichters, en niet de profeten te inspireren. Eigenlijk had Iqbal zich eerst voorgenomen om zijn werk, dat later als *Geheimen van het zelf* beroemd werd, als titel te geven *Het Lied van Sarosch*. Hij vond dat die oud-Iraanse engelenfiguur bijzonder geschikt was om een visionair werk te inspireren, dat een nieuwe boodschap, een nieuwe interpretatie van islamitische waarden zou brengen.

De initiatie door een engel komt veelvuldig voor in de islamitische mystiek. Aangezien hij ook met de maan-intelligentie verbonden is, kon hij gemakkelijk verschijnen op een plaats waar de bezoekers in een nieuw gebied kwamen. Op dezelfde manier begeleidde hij anders de zielen naar het hiernamaals. Binnen in de maanwereld bezoeken Rumi en zijn gezel het dal Yargamand, "dat de engelen het dal van Tawāsīn noemen". In deze naam zien we ook een zinspeling op een klein werk van Hallāj, getiteld *Kitāb at-tawāsīn*. Dit is een mystieke lettergroep aan het begin van Sura 27. Het bevat ideeën over profetie, "de gezegende ongehoorzaamheid van Satan" en vele andere notities die belang hebben gehad in de latere mystieke traditie. Op de weg daar naartoe leert Rumi, "die leidt naar de eeuwige liefde", wat ware dichtkunst is. Hier vinden we de mooiste beschrijvingen van Iqbal over de levengevende dichtkunst. Immers, de oorsprong van een gedicht dat echt vuur bevat, is te vinden in de gloed van de geloofsbelijdenis:

Dit lied vernietigt de rozentuin,
Dit lied doet alle hemelen instorten,
Dit lied getuigt voor Gods waarheid -
Het hart wordt waakzamer dan Gabriël.

Veel beter dan de valse goochelarij van de kunst, dan dat tsjilpen van de 'kunstenaar', zijn de woorden die men uitspreekt in de slaap. Dan spreekt Rumi de beroemde woorden die men steeds op Iqbal zelf heeft toegepast:

De dichter is het hart in de boezem van het volk,

en hij besluit zijn speech met de verwoording van Iqbals droom, waarin hij de profetische, naar de toekomst verwijzende dichtkunst als doel stelt:

Het doel van de poëzie is mensen op te voeden,
Gedichten zijn de erfenis van de profetie!

Zo wordt de brug gelegd tussen de dichterlijke inspiratie door Sarosch en de profetische inspiratie door Gabriël.

Dit 'sleutelwoord' profetie is voor Iqbal aanleiding om een vraag te stellen over het geheim van de profetie. Hij ervaart dat de volkeren "tekenen van de profeet" zijn. Hij is de "kreet in het inwendige van het geschapene". Wie de profeet loochent, is niet volkomen. Hij openbaart in zijn liefde de genade Gods, in zijn straffen de toorn van God. Dit geheim van de profeet kan de trekker door Tawāsīn lezen, uitgehouwen in een maansteenwand. IJlings spoedt hij zich daar naartoe, want:

Het verlangen vindt de weg ook zonder gids,
Het verlangen vliegt op de wieken van Gabriël!

Verder bereiken de reizigers het Tasin Gautama Boeddha. Daar zien ze hoe een mooie danseres bekeerd wordt. Samen met de Boeddha zingen ze *ghazal*s uit Iqbals *Zabūr-i 'ajam*. De Boeddha spreekt over het zijn in de wereld en over het overstijgen van de wereld, en beklemtoont in het bijzonder de beloning voor elke daad. Immers, "alleen de schoonheid van daad en wil" is de moeite waard, want door de wet van het *karma* wordt de toekomst bepaald door de gedachten en handelingen. Er wordt niet veel gerept over het boeddhistische doel uit de kringloop van de hergeboortes te geraken, en ook niet over de boeddhistische psychologie. Verder bezingt de danseres de zaligheid, die gepaard gaat met het opgeven van het aardse en het ruilen van het danskleed voor een boetekleed. Dit kan een zinspeling zijn op de *Therigāthā* of 'Liederen van de Nonnen'. Eén roerend gedicht daarin spreekt over de zaligheid van de vrouwen die op het rechte pad zijn geleid.

In dit Tasin kan men zich niet van het gevoelen ontdoen dat Iqbal zich min of meer in een keurslijf heeft gewrongen, wat betreft inhoud én vorm. Het Tasin van Zarathoestra daarentegen biedt ons één van zijn beste en krachtigste scènes. Misschien was hierin nog het *So sprach Zarathustra* van Nietzsche werkzaam. Ahriman, het principe van het kwaad, scheldt de profeet van het oude Iran uit omdat hij Ahrimans beeld schildert met bloed. Een gelijkaardige uitspraak vinden we in *Bāl-i Jibrīl* over Satan. Hij verbindt Zarathoestra met Mozes:

Op je Sinaï brandt de waarheid,
Door je 'witte hand' komt mijn dood.

Het vuur dat in Sinaï oplaaide kunnen we gemakkelijk in betrekking zien tot het vuur in een zoroastrische vuurtempel. Ahriman probeert de profeet ervan te overtuigen dat het geen zin heeft te proberen om Gods wil te volgen, want Zijn "gaven zijn een kruis, wormen en een zaag". Het kruis verwijst naar Christus, de wormen naar Job en de zaag naar Zacharias. Volgens de islamitische overlevering werd hij met een zaag gedood, nadat hij zich in een holle boom had verstopt om te ontsnappen aan de vervolging. De profeet, zo beweert Ahriman, is inferieur tegenover de heilige die zich in de eenzaamheid volledig aan God overgeeft.

Hiermee raakt Iqbal een thema waarover hevig werd geargumenteerd in de islamitische theologie, die steeds beweerde dat de profeet boven de heilige staat. In latere verklaringen over de traditie van de hemelreis-thematiek werd gesteld dat de Profeet zijn reis ín het lichaam kon volbrengen, terwijl de heilige (hier: de mysticus) dit het beste in de geest kon ervaren. Dit contrast tussen de profetische religiositeit, naar de wereld gericht en de houding van de mysticus, van de wereld afgekeerd, is in Europa vooral door Nathan Söderblom en Friedrich Heiler uitgewerkt geworden. Het is het best ver- woord geworden in hoofdstuk 5 van de *Lectures*:

"Mohammed van Arabië steeg op naar de hoogste hemel en keerde terug. Ik zweer bij God: Als ik ooit dit punt had bereikt, was ik nooit terugge- komen!"

Dit zijn de woorden van de grote, moslim heilige ᶜAbdul Quddus Gangohī. In geheel de Soefi literatuur vinden we wellicht nergens uit- spraken die in één   zin zo kernachtig het verschil duidelijk maken tussen het profetische en het mystieke bewustzijn. De mysticus keert niet graag terug uit de rust van zijn verenigende ervaring. Ook als hij dit doeten moet doen, is zijn terugkeer in feite van weinig belang voor de mensheid in haar geheel. De terugkeer van de profeet is scheppend. Hij keert terug om in te treden in de beweging van de tijd. Het is zijn bedoeling de krachten van de geschiedenis te beheersen en daardoor een nieuwe wereld van idealen te scheppen. Voor de mysticus is de ervaring van vereniging iets definitief. Voor de profeet is het een wakker maken van wereldschokkende, psycho- logische krachten in zijn ziel. Die krachten zijn bedoeld om de wereld vol- ledig te veranderen... Zo wordt zijn terugkeer een soort pragmatische test voor de waarde van zijn religieuze ervaring... Als hij het ondoordringbare materiaal voor zich doordringt, ontdekt de profeet zich voor zichzelf en ontsluiert zich voor de ogen van de geschiedenis. Er is nog een andere me- thode om de waarde van zijn religieuze ervaring te kunnen beoordelen: onderzoeken welk type van mens hij schept en welk soort culturele wereld ontstaat uit de geest van zijn boodschap.

Met de laatste zin staat Iqbal -bewust of onbewust- in de traditie van de grote hervormingstheologen uit de 18de eeuw in Delhi, vooral van Shāh Walī Allāh, die hij prees als "wellicht de eerste moslim die de drang voelde voor een hernieuwing van de islam" *(L)*. In het Tasin Zarathoestra vinden we een goede poëtische illustratie van Iqbals ideeën over profetisme en mystiek. Zarathoestra verdedigt de profetische activiteit tegen Ahriman: zijn duisternis is slechts de "kust van de lichtzee", en zijn bloed moet dienen om het kleurloze beeld van de wereld te schilderen. Maar, het zelf van de mens heeft lijden nodig. Alleen door lijden wordt hij rijp. Zarathoestra geeft de namen Kruis, Bijl en Galg aan de feestdagen van de beminnende. Daarin klinkt een echo van de gewoonte van vroeg-Perzische dichters om het woord *mard* of 'man van God' te doen rijmen met *dard* of 'pijn'. Welk nut kan het hebben alleen de glorie van God, zonder gezellen, te zien? Je moet klooster en kerk verlaten, en wegtrekken uit de plaatsen van eenzame, mystieke aanbidding, niet alleen naar de hemel gaan! *Khalwa* of 'eenzaamheid' en *jilwa* of 'zich kenbaar maken' dragen beide het licht van God en zijn onverbreekbaar met elkaar verbonden, want:

De twee mogelijkheden zijn in God: het begin
Is eenzaamheid, het doel is de openbaring.

Door het profetendom worden echte mensen geschapen en Iqbal, die zich vroeger de "karavaanbel" noemde, laat zeggen door Zarathoestra:

Hoe mooi toch, in karavanen naar God te trekken!

Een volledig ander beeld krijgen de reizigers te zien in het derde Tasin: het is een visioen van Tolstoï, "de beroemde hervormer van Rusland, die tegen het kapitalisme van Europa zijn stem op heftige wijze verhief", zoals we lezen in een voetnoot bij *Boodschap uit het Oosten.*
Vele moslim modernisten citeerden graag Tolstoï omwille van zijn kritiek op Europa. Iqbal laat hem hier het Zevendood gebergte aanschouwen: daar kronkelt een kwikzilver rivier doorheen, waarin een man tot aan de gordel in het kwik staat. Zijn naam is Judas en op de oever staat een tere vrouw naar hem te kijken, met ogen "als honderd rovers". De jonge dame stelt zich aan de toeschouwers voor als Ifrangīn, die "in haar oog de tovenaar Sāmirī draagt". Deze was de tegenspeler van Mozes. Volgens de islamitische overlevering had hij het gouden kalf uitgevonden en zo de interesse van het volk gewekt voor het puur materiële. Het is natuurlijk gemakkelijk te zien dat haar naam verband houdt met *firang,* of de 'Frank' of Europeër. Hij is in de Indo-Perzische gedichten uit de 17de eeuw een rover, of de eigenaar van

Iqbal als D.Lit. in de universiteit van Panjab, 1933.

een prachtige, kleurrijke, maar zeer gevaarlijke kerker. Dit beeld was tot stand gekomen na de invallen van de Portugezen op de Indische kusten. Plots verandert de stroom in ijs -we herkennen hier Dantes visioen van Judas in de ijsspelonk- en de jongeman begint te wenen. Miss Europa echter beschimpt hem, want hij heeft de Heer, de "zoon van Maria, het Licht van het geschapene" voor dom zilvergeld verraden. Judas wordt woedend: is het niet eerder Europa, dat "tarwe toont en gerst geeft", dat brahmanen en sheikhs, hindoes en moslims hun land doet verkopen? Hij zegt:

De edele en rechtvaardige man weet,
Dat jouw schuld groter is dan de mijne:
Door de adem van Jezus komt de ziel terug in het lichaam,
Door jouw werd dit lichaam een graf van de ziel!
Wat ik deed raakte de mensheid van Jezus -
Jullie raken echter God!

Dit is de meest uitgesproken aanklacht van Iqbal tegen het Europese materialisme en imperialisme, een aanklacht die we in gans zijn oeuvre aantreffen: hoe komt het dan toch dat precies de volgelingen van de profeet, van de stichter van het christendom, die met zijn adem doden tot leven bracht, zakenlui zijn geworden die alleen aan winstbejag denken?

Wonderlijk is het niet dat je de wonderen van Jezus kan doen,
Maar dat je hand de zieken steeds zieker maakt,

zo lezen we in de *Boodschap uit het Oosten.*

In het vierde Tasin ontmoeten we de afsluitende profeet Mohammed. Zijn hervormingen werden aangeklaagd door zijn bittere tegenstander, Abu Jal, in een klaaglied in de Ka'aba. Heeft deze bezetene ['Hexer'], zoals zijn vijand uit Mekka hem afschildert, niet het "tapijt van het geloof van onze vaderen opgerold", de goden kapotgeslagen en de mensen geroepen naar de onzichtbare *éne* God?

Gebogen voor de Onzichtbare komen -
Welk genoegen kan er zijn in zulk gebed?

Wat nog erger is: hij loochent oude voorrechten van de stam en gaat met zijn slaven aan tafel zitten. Zijn Perzische barbier Salmān -zo denkt deze trotse, welbespraakte Arabier- heeft hem de leer van gelijkheid en broederlijkheid bijgebracht. Aan de oude maangod Hubal wordt gevraagd deze vernieuwers te vernietigen, maar wel inAbuJahls hart zijn ereplaats te behouden. Het is subtiel ironisch dat de klacht wordt besloten met een halfvers, in het

Arabisch, van de pre-islamitische dichter Imru'l-Qais, tegen wie Mohammed zich scherp had uitgelaten.

Wat hier door AbuJahl bijzonder wordt gelaakt -gelijkheid van de rassen en afkeuring van sociaal onderscheid- waren precies die aspecten in de islam, die Iqbal vanaf het begin in het middelpunt van zijn belangstelling had geplaatst. In 1909 schreef hij in de *Hindustan Review*:

De absolute gelijkheid van alle leden van de gemeenschap.
Er is geen aristrocatie in de islam. "De belangrijksten onder U", zei de Profeet, "zijn diegenen die het meest vroom zijn "... De islam is een eenheid, die geen verschillen kent, en de eenheid wordt hierdoor verzekerd dat men de mensen in twee basispunten doet geloven, de eenheid van God en de zending van de Profeet. Deze punten hebben een supra-nationaal karakter, maar zijn voor de doorsnee menselijke natuur volledig waar, omdat ze precies op de algemeen religieuze ervaring van de mensheid gebaseerd zijn. Dit principe van gelijkheid van alle gelovigen heeft van de vroege islam de grootste politieke macht in de wereld gemaakt...

Het bezoek aan de maanwereld eindigt met een schouwing van de geheimen van de Profeet, die in feite alles zeggen over liefde, wilskracht, menselijke waarde en gelijkheid. De reizigers gaan verder naar de volgende sfeer, die volgens de oude traditie Mercurius is, het gesternte dat met schriftgeleerdheid en intelligentie is geassocieerd. Een brede, schijnbaar lege, zuivere wereld ontplooit zich voor hun ogen en tot Iqbals verbazing weerklinkt de oproep tot gebed. (Reeds in *Bāl-i Jibrīl* werd gezegd dat de ware gebedsoproep in de hemel weerklinkt). Rumi geeft een verklaring voor dit wonder: toen Adam uit het paradijs was verdreven, verbleef hij hier enige tijd. Zijn smachtend verlangen heeft de planeet gewijd en nu is ze een woonplaats geworden voor zuivere mannen. De volgende grote persoonlijkheden verblijven daar, in eeuwige stilte en alleen begaan met de dienst van God: de vroege mysticus Fudail ibn ʿIyād, die eerst een rover was, maar door het woord van de Koran werd bekeerd en een leidinggevende asceet werd in de 8e eeuw. Abū Saʿīd, de heilige van Noordoost-Iran, die na bijzonder harde ascese een symbool werd van de meest zuivere vreugde in God. De grote Junaid, leraar in de Baghdadse School van Soefisme, op wie praktisch alle initiatiereeksen van latere Soefi's teruggaan. Tenslotte ook nog Bāyezīd Bistāmī uit Iran, die met zijn uitspraak: *subhānī* of 'lof zij mij' de interpretatoren van de vroege mystiek eeuwenlang in de war heeft gebracht. De twee biddende mannen, die

Rumi en Iqbal schouwden, waren uit de recente tijd: Jamāladdīn Afghānī, die door zijn 'Pan-islam' en zijn discussies met Ernest Renan de meest bekende hervormer uit de 19de eeuw was geworden, en de Turkse denker Saᶜīd Halīm Pasja,

Zijn ideeën vliegen even hoog als zijn positie.

Iqbal had kennis genomen van het werk van Saᶜīd Halīm Pasja door de studie van August Fischer, oriëntalist in Leipzig, die het boek *Islamlaschmaq* of 'Zich islamiseren' (1918) had geanaliseerd. Iqbal vond er heel wat ideeën die met de zijne overeenkwamen. Daarom is hij zeer opgetogen bij de twee hervormers te kunnen bidden en de Sura 'De Ster' (53) te horen. Daarin wordt de planeet vermeld waarop ze zich bevonden en komt ook de beschrijving voor van de Profeet, wiens "oog niet ronddraaide of zich afwendde" toen hem de openbaring werd gegeven. Iqbal kust de hand van Afghānī en Rumi stelt de beide mannen voor:

Ik noem hem 'levendige stroom', Zindarud,
Die deze wereld doorkruist, zonder rust.

Een andere naam nemen is meestal een onderdeel van de initiatie en zo krijgt de dichter een nieuwe identiteit. De Profeet werd, in Goethes *Mahomets Gesang* een meesleurende stroom genoemd en Iqbal wordt hier ongetwijfeld een navolger van de Profeet, een erfgenaam. Deze relatie had Rumi reeds aan het begin van de maansfeer aangeduid.

Afghānī vraagt de bezoeker hem in te lichten over de situatie van de moslims, voor wiens hervorming hij zich zo had ingespannen. Zindarud klaagt over de rampzalige spanning tussen land en religie, die in ieders hart te vinden is. Immers, iedereen is bedwelmd door Europa zonder te begrijpen dat het imperialisme het Oosten leegplundert, terwijl het communisme het volk en het geloof verzwakt. Hier begint Afghānī zijn kritiek op het Westen, zoals hij die in werkelijkheid ook had uitgesproken: de "heer van het Westen" sprak van "naties" om de mensen te splitsen. Ze zijn echter vergeten dat alleen het lichaam aan de bodem is gebonden, terwijl het hart vrijuit vliegt naar de goddelijke steden. De zon, die in het oosten opkomt en in het westen ondergaat, overschrijdt toch ook alle grenzen, hoewel ze "geboren" is in het oosten? Na Afghānī's aanklacht tegen het *divide et impera,* gaat hij verder over de twee zuilen, "kapitalisme" en "communisme" en beschrijft Marx:

De auteur van 'Das Kapital', uit Abrahams
Geslacht geboren, profeet zonder Gabriël.
In zijn holle woorden steekt ook waarheid;
Zijn hart is gelovig, zijn brein is heidens...

Deze beschijving komt precies overeen met de bemerking in *Boodschap uit het Oosten* op Nietzsche toegepast, dat "zijn hart gelovig is maar zijn hersens zijn heidens". Dit is afgeleid van een kritiek van de Profeet op de Arabische dichter Umayya ibn Salt: "Zijn tong is gelovig, maar zijn hart is ongelovig." In de context van Iqbal betekent het voor beide Duitse denkers dat ze iets goeds wilden, maar door intellectuele barrières en verkeerde verklaring van hun principes ongelovig zijn geworden. Afghānī betoogt verder in zijn analyse van het marxisme dat voor de auteur van *Das Kapital* gelijkheid niets meer is dan "gelijkheid van de buiken". Van een geestelijke broederschap weet hij niets af. Maar ook in het kapitalisme ontbreekt het hart. Terwijl het ene systeem overleeft door productie en het andere door belastingen, wordt de mens tussen de twee molenstenen verpletterd. Omwille van zijn "socialistische" neigingen erkent Iqbal, dat de ware (d.w.z. islamitische) idee van gelijkheid van de mensen niet kan gerealiseerd worden in een systeem dat op Marx teruggaat. Een verdere uitwerking van deze idee krijgen we op het einde van deze scène.

Nu komt echter de Turkse Pasja tussenbeide en beschrijft, zeer summier, het onderscheid tussen Oost en West:

In het Westen is de grond van het leven het verstand,
In het Oosten is de liefde het geheim van de wereld.

Verder stelt hij vast:

Als de liefde samenwerkt met het verstand,
Wordt zij de architect van een nieuwe wereld.

Dit verwijst naar de grote dialoog tussen wetenschap en liefde in de *Boodschap uit het Oosten*... Hij klaagt er natuurlijk over dat de vernieuwing die in zijn land werd gebracht door Atatürk in feite geen nieuw leven heeft gegeven aan de geest van de Ka'aba. In plaats daarvan zijn er nieuwe goden gekomen uit Europa. Door dit vers krijgen we een inzicht in de tweespalt waarin Iqbal zich bevond inzake de veranderingen in Turkije. In de *Boodschap uit het Oosten* was hij nogal kritisch:

De tak van Turkije draagt nu vruchten slechts omwille van Europa's glans,
Mustafa heeft slechts een voorwendsel gegeven aan Bu Lahab.

Maar in zijn *Lectures* had hij de verandering in de legislatuur in Turkije als wettelijk geprezen. Het was een volwaardige vervanging van de rol van de Kaliefen. Hij schrijft zelfs in zijn *Open Brief aan Pandit Nehru,* dat Atatürks uitsluiting van de Mullahs uit het officiële leven een daad was "die het hart van (de grote hervormers) Ibn Taimiyya en Shāh Walī Allāh zou verblijd hebben." Toch vinden we voortdurend andere verzen die de verwestelijkte Turken aanklagen, maar het laatste woord vinden we in één van zijn brieven: "Er wordt gezegd dat de Turken de islam hebben afgezworen. Een grovere leugen is nooit verteld geworden".

Met de woorden van Saʿīd Halīm Pasja blijft kritiek de hoofdtoon in de sfeer van Mercurius. Hij wijst er op dat nabootsing niets creatief teweeg kan brengen. Voor de moslim is de enige oplossing in zichzelf en in de Koran te zoeken, en hij besluit zijn preek met de mooie vergelijking:

De gelovige is zelf een vers van God,
Hij trekt de werelden aan als een kleed.
Als één wereld verouderd is,
zal de Koran er een nieuwe doen ontstaan!

Hulpeloos vraagt Zindarud dan waar eigenlijk de "wereld van de Koran", van de steeds vernieuwde openbaring, gelegen is. Afghānī maakt hem duidelijk dat een dergelijke onbegrensde wereld ligt in het eveneens onbegrensde hart van de gelovige. De grondvesten hiervan maakt hij verder bekend. Iqbal meent, zoals we ook lezen in de *Lectures,* dat je de Koran niet kan begrijpen "als hij niet eerst aan de gelovige is geopenbaard zoals hij aan de Profeet werd geopenbaard". Deze idee wordt ook poëtisch uitgedrukt:

Als je innerlijk niet door het Boek wordt doordrenkt,
Kunnen noch Rāzī noch Zamahsharī je problemen oplossen. *(BJ)*

De reden hiervoor is dat, zoals we elders in de *Lectures* lezen, de Koran geen wetboek is. Zijn hoofddoel is eerder "in de mens het hogere bewustzijn wekken van zijn relatie tot God en de wereld". Er zijn vier fundamenten in de wereld van de Koran.

Het eerste fundament.

Allereerst is er de mens als stadhouder van God, volgens het woord in de Koran (Sura 2/28): "Ik wil een *khalif,* een vertegenwoordiger op aarde plaatsen". Dit is de scheppende liefde die niet uit vlees geboren is, "een sterrenbeeld zonder oosten noch westen" (zoals het goddelijke licht, dat ook met deze woorden beschreven wordt in het 'licht-vers' van de Koran, Sura 24/35). Al wat geschapen is -Imām, gebed, heiligen, kleuren, pen en boek- alles hoort toe aan de liefde. Eén van de geheimen van de liefde is de mens, die eigenlijk geen plaats heeft in deze wereld, maar de wereld in zich kan opnemen. Zijn plaats is immers hoger dan de hemel. Dit vinden we terug in het beeld van Iqbals ideale mens. Het kan ook beïnvloed zijn door Rumi's verhaal: Halīma, de pleegmoeder van Mohammed vreesde dat haar kind verloren was, maar ze werd getroost door de engelen dat integendeel "heel de wereld voor hem verloren zou gaan". Nog eens is de Profeet het ideale beeld van de mens. Het is ook deze liefde, die door de vereniging van twee mensen een verlangend schepsel voortbrengt:

De vrouw bewaart het levensvuur,
Zij is het bord voor het mysterie van het zijn.

Dan verkondigt Afghānī aan zijn bezoeker, "wiens geloof onze tijd verlicht", het geheim van de scheppingsgloed. Mohammed kwam uit de eenzaamheid van de hel Hirā toen hij zijn volk wilde opvoeden, en de Perzische hervormer doet hier de gewaagde uitspraak:

Je kan het bestaan van God loochenen,
Maar nooit kan je de roem van de profeet loochenen.

Reeds in de *Boodschap uit het Oosten* lazen we:

Met God praat ik met een sluier, met jouw onbelemmerd;
Gezondene van God - Hij is voor mij verborgen, jij bent bekend!

Alleen met de hulp van de Profeet kan het verborgene openbaar worden. Met steeds nieuwe beelden beschrijft Afghānī verder wat Zarathoestra reeds had bezongen: de wisselwerking tussen minnende eenzaamheid en naar buiten werkend verstand. Als de eenzaamheid niet de diepe krachtbron zou zijn, zou God aan Mozes niet hebben geantwoord: "Je zult Me niet zien". Immers, de verborgenheid leidt tot de *deus absconditus,* die zich door de profeet als *deus revelatus* openbaart.

Het tweede fundament in de wereld van de Koran is de 'goddelijke heerschappij'. Dit fundament is volledig op de Koran gebaseerd en staat diametraal tegenover de goddeloze, dodende houding van Europa. Daaruit evolueert ook het derde fundament: 'De aarde is het bezit van God'. In ontelbare inscripties in de moslim wereld kan men lezen: *al-mulk li 'Llāh* of 'Het land behoort God toe'. Dit heeft Iqbal er steeds toe aangezet om te beklemtonen dat de ganse wereld alleen in bruikleen aan de mens is gegeven: hij mag ze gebruiken, maar nooit bezitten. Dit geldt voor Tāriq, de dappere veroveraar van Andalusië, die verklaarde:

Dit land hoort ons toe, want het is het land van onze God. *(PM)*

Het is ook toepasselijk voor de grootgrondbezitters die denken dat de grond hun eigendom is. De dichter vraagt hen:

Wie laat het koren kiemen in de donkere aarde?
Wie laat de wolken opstijgen uit de zeeën?
Wie laat de regenwinden uit het westen komen?
Wie schiep de zonneschijn? Het stof, het ledige?
Wie vult de tarwe-aren met parels van koren?
Wie bracht de opvolging van lente en herfst?
    Grondbezitter, de grond is niet van jouw,
Niet van jouw of je voorouders, die grond van Mij! *(BJ)*

De wereld moet verbeterd aan de leenheer worden teruggegeven. De mens, die zich van deze plicht bewust is, mag dan ook onvervaard over zijn prestaties met God praten. Men kan zich beschermen tegen een al te grote gehechtheid aan het stof, door de geloofsbelijdenis: "Er is geen god buiten God". Dit is de 'armoede' in de klassieke Soefi betekenis: diegene die alles verzaakt behalve de éne God, hij is de ware heerser van de wereld. Ook dit is een lievelingsidee van Iqbal.

Tenslotte maakt Afghānī zijn bezoekers erop attent dat "wijsheid" in de Koran "veel goed" genoemd wordt. Ook in zijn opdracht van de *Boodschap* aan de koning van Afghanistan, Amānullah heeft Iqbal hierop allusie gemaakt. Er wordt nog eens op gewezen dat de wetenschap, die met succes aan de woestijn kan zeggen: "Geef me graan", iets duivels kan worden als ze zich van God afkeert. Deze satanische wetenschap, die geen vuur heeft in het hart, verwoest de wereld met bommen en zuigt de volkeren uit. Zindarud gaat hiermee akkoord, maar klaagt erover dat "de wereld van de Koran door een sluier bedekt is. Zijn de moslims dood of de Koran?". Dan volgt een keihard oordeel van Saʿīd Halīm Pasja over de Mullahs, die de breedte en diepte van de Koran niet meten kunnen:

Omwille van de listen van de Koranverkopers
Zag ik Gabriël in tranen uitbarsten!

Hoe kan een blindgeborene het licht van de zon zien? Nee, het "geloof" van de Mullahs "verderft de weg van God". Het komt erop aan de man van God te vinden, een man over wie de Pasja spreekt met een beeld door Rumi geïnspireerd:

De man Gods neemt kleur of lucht van niemand;
De man Gods neemt kleur en lucht van God.

Zijn ziel vernieuwt zich elke dag, zoals God over Wie in de Koran gezegd wordt, dat Hij "elke dag een nieuwe taak opneemt" (Sura 55/29). Heeft ook de Profeet niet gezegd: "Het geloof kwam als een vreemdeling in deze wereld"? Dit betekent, in de verklaring van Afghānī, dat het geloof in elke tijd anders is. Verder vraagt hij Zindarud het geloof te brengen naar het Russische volk. Hij voegt eraan toe dat de Koran wel degelijk iets anders is dan de moslim riten. De Russen hebben "de benen van het imperialisme gebroken". Nu moeten ze het voorbeeld van de moslims navolgen, die ooit eens hetzelfde hebben gedaan. De Russen hebben de oude riten van Europa vernietigd en zo het *lā* of 'er is geen god' gerealiseerd. Nu moeten ze verder gaan tot het *illā* of 'buiten God'. Een "profetisch Neen" is hier vereist aan al het onware, zoals in *Pas* staat:

Voor iets anders dan God *neen* kunnen zeggen, dát is leven...

De Russen moeten Europa links laten liggen en inzien dat ook de Koran "dood voor de kapitalisten" is en steun aan de hulpelozen biedt! Wie kent nog het genot van het "vriendelijk krediet" (Sura 57/17), dat vrijwillig afstaan en meedelen waaruit alleen zegen voortkomt? Iets heel anders dan de woekerzin, waaruit alleen onheil op iedereen neerdaalt. Afghānī gaat nog eens in op het thema van "Gods eigendom" en besluit:

Naties zijn niet nodig om God indachtig te kunnen zijn,
Daarvoor zijn tijd en ruimte waardeloos:
De klank van de Koran heeft eeuwige liederen.

Zou God niet Zijn genade kunnen wegnemen van de moslims die alleen nog oude vormen naäpen, en ze liever geven aan een ander volk dat Zijn geboden beter verstaat?

Ik vrees de dag als God ze gans verwerpt
En in een ander volk zijn vuur ontsteekt!

Rūmi werd diep getroffen door deze mogelijkheid, maar blijft ervan overtuigd dat de hoop opgeven gelijk staat met eeuwige dood. Hij vraagt Zindarud een *ghazal* te citeren, want zoals de Mogul dichter ᶜUrfī zegt:

Onze kameel is vermoeid, de last is zwaar;
Daarom moet het lied van de drijver hard zijn!

Daarom reciteert Zindarud één van zijn gedichten, waarin hij het gebrek aan vernieuwing en eenheid aanklaagt.

En hiermee vertrekken de bezoekers uit de sfeer van Mercurius en vliegen in een onbeschrijfelijke gloed verder. Voor de zuivere zielen zijn de negen sferen als negen vestingen van Khaibar, die even gemakkelijk worden veroverd als eertijds ᶜAlī de Arabische vesting innam, en:

Uw dappere greep pakt Gabriël en Huri's vast

Ook tijdens deze vlucht klaagt Zindarud nogmaals over zijn eenzaamheid en beschrijft de paradoxale situatie van de minnende:

Ik vrees de vereniging en verlang naar scheiding!
Zou de vereniging het einde zijn van mijn verlangen?
Hoe zalig is de nooit verhoorde klacht!

Deze uitspraken zijn typisch voor de 'profetische' religiositeit, die er zich van bewust is dat de afstand tussen mens en God nooit te overbruggen is. Ze weet ook dat de onpeilbare afgronden van het goddelijk Wezen zich in steeds diepere dieptes voordoen.

En nu brengt Rumi zijn vriend naar een andere wereld, de sfeer van Venus, waar de goden uit de antieke oudheid leven. Venus is de planeet van de betoverende vervoering. Als plaats van de fantasie, in de oude esoteriek, lijkt het ook een geschikte plaats te zijn voor de goden. De reizigers moeten hier wel door een wild, nachtelijk gebied trekken:

In dit ongeluksmeer geleken Rumi en ik
Op dromen in de nachtelijke diepte van het hart...

Tenslotte komen ze aan in een lieftallig lente-landschap. Daar verblijven de goden uit Babylon en Zuid-Arabië, Griekenland en Rome. Sommigen hebben hun echte namen, anderen hebben namen die aan de goden in Miltons *Paradise Lost* doen denken. Eens waren ze allemaal verwond door de slagen van Abraham, de eerste monotheïst, maar nu zijn ze meer ontspannen want de mensen beginnen terug interesse voor hen te hebben.

De mens, zo sprak Marduk, is van God weggevlucht,
Klagend is hij weggegaan uit heiligdom en kerk;
Hij verhoogt de schouwing en de erkenning
En blikt terug naar het verleden;
Betoverd gaat hij over oude werken...

Is het niet wonderlijk dat de Europeanen zich nu met de goden uit de Oudheid bezighouden, in plaats van met de geopenbaarde religies? Daarom heft Iqbal een vreugdelied aan, waarin de archeologen en oudheidkundigen als bevrijders worden geprezen:

Lang leve de Frank die het Oosten kent,
Die ons eindelijk uit onze graven trekt!
Oude goden, nu is de tijd gekomen!

De wereld zal weer roemen in feestelijke dagen.
Het geloof is door 'ras' en 'rijk' verslagen...

Mensen vinden hun plezier in eenvoudige aanroepingen van zichtbare afgodsbeelden, want het gebedsgebod valt hun te zwaar. Deze idee werd ook
door Abu Jahl aangeraakt en wordt in het *Antwoord op de klacht* het
hoofdargument voor de ellendige toestand van de al te lome moslims. Baal
roept uit in triomf:

Veel beter dan een God die zich verbergt
Is de duivel, die voor allen zichtbaar is!
    Oude goden, de tijd is nu gekomen!

Maar Rumi, "wiens slag zo sterk is als die van Abraham", zingt een *ghazal*
van Iqbal en stelt vast:

Deze afgodentempel moet vergaan en verdwijnen!

Dan begeleidt hij Zindarud in de diamant-zee, waar de trotse
godsloochenaars voor eeuwig verblijven. Daar is Farao uit het Oosten. Hij
verdronk toen Mozes de zee in twee splitste. Naast hem is er een "kleine
Farao" uit het Westen, die ook in de zee de dood vond. Dat is Lord
Kitchener, die in 1899 de nakomeling van de Mahdī van Soedan overwon en
die het graf van de Mahdi's vernielde en de gebeenten in de zee liet werpen.
Hij kwam zelf om toen in 1916 de *Hampshire* zonk. Rumi reciteert de Sura
Taha (Sura 20), waarin de ontmoeting tussen Farao en Mozes fijn beschreven is, en de beide Farao's duiken verstoord op uit het onderzeese
berglandschap. Farao jammert over zijn miserabele toestand, en zijn af-
wijzing van de oproep van de Profeet. Tegelijk waarschuwt hij de
Europeanen, die edelstenen uit de pyramiden stelen: de mummie's in hun
musea zouden wel eens kunnen beginnen praten over de gevaren van het
imperialisme. Zoals de legende vertelt, had hij zelf tijdens de 400 jaar van zijn
leven nooit pijn of kommer ervaren, en daarom nooit tot God geroepen. Zo
wees hij ook de oproep van Mozes af. Rumi licht hem erover in dat
heerschappij zonder de "witte hand", de profetische leiding, verboden is: zulk
een leider is maar sterk omwille van de zwakte van zijn onderdanen.
Kitchener probeert nog de interesse van de Europeanen te verdedigen, want
de wetenschap wil steeds nieuwe geheimen verklaren. Maar, zegt de Farao:

Als de wetenschap ooit mijn graf opent -
Wat heeft ze uit Mahdi's graf niet gestolen?

Dan verschijnt ook de Mahdī van Soedan, de derwisj die in 1880 had geprobeerd een moslim heerschappij op te richten in Soedan en door de Britten werd verslagen. Kitchener roeide de beweging uit. Snikkend bezweert de Mahdi al de moslim vorsten -Fuad van Egypte, Faisal van Irak en Ibn Saʿūd,- niet meer "als rook in hun eigen kringetje te draaien", maar het vuur van het geloof in de wereld te brengen. Zou Mekka ooit nog eens een held voortbrengen, zoals de veroveraar uit de vroege periode, Khālid ibn al-Walīd, bijgenaamd 'het zwaard van de islam'? Wanneer zullen de Arabieren hun vroegere rang heroveren? Ze mogen niet vergeten dat, zoals de Profeet zegt, voor de "echte man de dag der beproeving een dag van vreugde is".

Iqbal besluit dit bezoek aan de sferen met een gedicht, dat de beeldspraak overneemt uit de klassieke, Arabische dichtkunst. De "vrienden zijn in Jathrib", d.w.z. in Medina, de stad van de Profeet, terwijl de reizigers nog in Najd zijn en naar Medina verlangen. Daarom:

Zing, drijver, om de kamelen op te jagen!

De omgeving verandert. Zindarud sluit even de ogen, en zonder een wisseling van de tijd, bevindt hij zich in een nieuwe sfeer. Daar merkt hij eerst een sterrewacht op en hij denkt dat hij op aarde terug is. Maar Rumi vertelt hem dat ze op Mars zijn aanbeland, waar de bewoners technisch zeer bekwaam zijn en zelfs de Europeanen overtreffen. Wellicht is de inspiratie hiervoor gebaseerd op de Marskanalen aangetroffen op de aardbol. De vermoedelijke constructie ervan door intelligente wezens heeft heel wat discussie teweeggebracht, vooral in het begin van de twintigste eeuw. Het traditionele beeld van deze roodachtige planeet als oorlogsplaneet en "klein ongeluk" komt niet sterk aan bod in Iqbals verhaal.

Zindarud ervaart dat de Marsbewoners in alle technische opzichten aan de Europeanen superieur zijn, maar hun techniek is niet verslaafd aan de materie. Bij hen zijn ziel en lichaam niet aan elkaar tegengesteld, maar één en de dood is niets anders dan "een uit deze wereld weg in zichzelf treden". Plots verschijnt vóór de bezoekers een wezen van dit merkwaardige ras, "met een scherpe blik, een grijze baard en gekleed als een christelijke priester", met een stralend gezicht als "een Turk uit Merw". De blankhuidige Turken waren in de Perzische dichtkunst steeds een model van menselijke schoonheid. Tot Zindaruds grote verbazing reciteert hij een verwelkomingsgedicht in het zuiverste, poëtische Perzisch. Inderdaad, zo vertelt hij, een Marsbewoner heeft in de tijd van de Profeet de aarde bezocht en zijn avonturen neergeschreven. Hijzelf had Amerika, Japan, Iran en andere landen bezocht om er aardse metalen te bestuderen. En verder is Mars het land waar in het begin der tijden   Barhiyā, die zich niet zoals Satan had laten verleiden, als beloning een woonplaats had gekregen. Met de wandeling door de stad Margadin zien we Iqbal als schepper van een utopische wereld: het land kent geen winstbejag, edele metalen worden uit het zonnelicht verkregen:

Duivelse machine's verpesten er de natuur niet,
De hemel wordt er niet verduisterd door pollutie.

De landbouwer moet niet bang zijn voor de grootgrondbezitter, er zijn geen soldaten en schrijvers, en journalisten schrijven geen leugens en bedrog:

Op de pleinen is er geen geklaag van werklozen,
Geen bedelaars die jammeren om steun!

Zindarud merkt op dat beroofden en bedelaars, onderdrukten en onderdrukkers handelen volgens Gods raadsbesluit, want God alleen beschikt alles. De wijze van Mars corrigeert hem, en brengt Iqbals eigen idealen aan:

Als het noodlot je hart breekt,
Vraag dan aan God een ander lot!
Het is toegelaten een ander te vragen,
Want de lotsbestemmingen van God zijn zonder einde.

Predestinatie in de negatieve betekenis is de religie van de zwakken. In de islamitische overlevering werd geregeld gezegd dat predestinatie door de huichelaars wordt aangewend als ze zondigen of fouten begaan. Ook Perzische dichters hebben zich daarop beroepen als mystieke theologen de Satan aankloegen, om zijn ongehoorzaamheid als door God gewild te bestempelen.

Bind aan je voet niet de keten van de "voorbestemming".

Dit schreef Iqbal reeds in de vierlijn-verzen in de *Boodschap uit het Oosten*. Ook het marsmannetje verklaart dat de mogelijkheid om het lot te veranderen duidelijk blijkt uit Sura 13/12: "Het lot van een volk verandert niet, tenzij het volk zichzelf verandert". Dit is het voorkeurvers, niet alleen van Iqbal, maar van de meeste modernisten. De moderne moslim echter leeft in disharmonie met zichzelf (misschien kende de dichter het werk van Ralp Waldo Trine, *In Harmonie mit dem Unendlichen?*) en een godsdienst waarin het zelf niet wordt gerealiseerd, is opium voor het volk. Op Iqbals gedachten verder spinnend, zegt de marsman dat het leven een mijn is van juwelen die de mens mag beheren. Het strekt tot zijn eer dat hij met zijn schatten anderen kan dienen: dat is de ethiek van de profeet,

maar alleen een handelaar verlangt beloning.

Alles behoort toe aan God, en:

Waarom toch is er onder de hemel zoveel armoede, ellende?
Terwijl jullie aan Hem, die God is, zegt :"Onze".

Terwijl de bezoekers door de talloze prachtige straten slenteren ontmoeten ze op een plein een rijzige vrouw, "met een tranenloos oog en een hart zonder liefde".

een mus die de 'liefde' van die valk afwees.

Zij behoort niet tot het edele ras van marsmannen. Farzmarz, de Satan van de marswereld, had haar geschaakt uit Europa en opgeleid tot profetes, zodat zij de leer kon verspreiden die zou gelden in de eindtijd. Met deze boodschap van de Marsprofetes neemt Iqbal opnieuw het thema op, dat hem boeide sinds zijn reis naar Europa. Hij had het reeds gedeeltelijk uitgewerkt in *Jāvīdnāma*, in de figuur van Miss Ifrangin, die zonder liefde is. Voor hem is het moederschap de voornaamste, in feite de enige taak van de vrouw. Dit heeft hij in al zijn gedichten herhaald. Zij draagt de broederschap van de gemeente en "de moeder eren, dát is islam" *(R)*. Zij kan de Dialogen van Plato niet schrijven, maar zij kan een Plato baren, zo schrijft hij in *Zarb-i Kalīm*. In dat werk ook klaagt hij erover dat in Europa de "mannen werkloos zijn en de vrouwen een lege schoot hebben. De Europese opvoeding lijkt hem de "dood aan het moederschap" te brengen. Reeds vroeg had hij geschreven dat de vrouwen eigenlijk alleen een religieuze opvoeding nodig hadden, om aldus de religie alert te houden *(SR)*. En toch geeft hij in die zo anti-feministisch klinkende verzen van *Zarb-i Kalīm.* toe, dat de situatie van de vrouwen hem zeer bedroeft, maar "hoe kan men die knoop losmaken?".

Ongeveer 25 jaar na zijn bijtende opmerkingen over het stemrecht voor vrouwen en de Engelse Suffragetten, legt hij in de mond van de Marsprofetes wat hij denkt de boodschap te zijn van een Europese, geëmancipeerde vrouw. We moeten hier in acht nemen dat zijn schets niet zeer verschilt van wat vroegere auteurs in de islamwereld, en vooral dan in Indië, hadden gemaakt. In de Urdu literatuur, zoals ze ontstaan was in de tweede helft van de 19de eeuw, en ook in de Sindhi romanliteratuur van die tijd, vinden we een stereotiep beeld van de Britse vrouw. Het is de vrouw van de Britse officieren en ambtenaren, zoals de Indiërs haar zagen. Ze gedraagt zich zelfstandig, heeft contact met vreemde mannen, ze danst zelfs en heeft geen interesse voor haar gezin. De dichter schildert hier een nog erger portret en enkele van zijn horror-voorstellingen zijn in elk geval ondertussen gerealiseerd, zoals bv. de proefbuisbaby's.

De profetes wil niet meer als "lieveling" leven, ze wil vrij zijn van mannen:

Met hem leven is de grootste pijn;
Het samenzijn een gif, de scheiding suiker!
Hij is als een slang! Vlucht zijn omstrengeling!
Laat zijn gif niet toe in zijn bloed!
Moederschap brengt alleen uitputting voor de vrouw -
Wat een vrijheid zonder die echtgenoot!...

Ondertussen kan men reeds de foetus in de schoot zien en als het niet past, wordt het gedood, maar er komt nog meer:

Kinderen zullen op een andere manier worden geboren;
Het zal verschijnen zonder de donkere schoot,
Tot tenslotte dat duivels wezen zal verdwijnen,
De man, zoals de reptielen!...

En zij besluit haar oproep:

Sta op, vrouw, en strijd tegen de natuur,
Door je strijd zal de vrouw worden bevrijd!

De slogan voor de vrouw: Vrij zijn van twee lichamen!
Bewaar jezelf, laat je nooit door mannen vangen!

Dit 'zich-zelf-bewaren', in tegenstelling tot de ontwikkeling van het zelf die
Iqbal propageert, wordt hier voorgesteld als het resultaat van atheïstische,
liefdeloze opvoeding. Rumi spoort zijn gezel aan om met minnenden te leven
en hij vergezelt hem haastig naar de volgende sfeer, die van Jupiter.

In de astrologie is Jupiter de planeet van het grote geluk. Daar verblijven
drie personen. Door hun overgrote liefde blijven ze snakken naar eeuwig
rondtrekken, want:

Gods tekenen zijn eindeloos,
Hoe kan, wandelaar, de weg ooit eindigen?
Het weten leidt alleen tot zien en vergaan;
Het kennen leidt tot zien en groeien.

Klagend als een fluit trekt Zindarud haastig verder door de hemelen:

En dit alles omwille van de genade van de Edele,
Zijn gloed is in mijn ziel binnengedrongen -

Dit is nog een mooie zinspeling op het beginvers van Rumi's *Mathnawī*.
Deze Jupitersfeer is een uitzonderlijke wereld, verlicht door zijn manen. Daar
verschijnen de "drie zuivere geesten", in gewaden met tulpenkleuren. De tulp
is bekend als de bloem van het martelaarschap. De drie zwevende wezens
dragen nog altijd het brandmerk van het oerverbond in zich, van die dag
toen God sprak tot de nog niet geschapen mensheid: "Ben Ik niet uw Heer?"
(Sura 7/171). Ze zingen vurige melodieën, want hun hartegloed ontstaat in
de diepten van de schepping.

Het is een merkwaardig gezelschap van geesten. We begrijpen waarom de
eerste, die ook de hoofdrol speelt, Hallāj is. In 922 gruwelijk ter dood gebracht in Baghdad, heeft deze mysticus de naam gegeven voor *Tawāsīn*. Zijn
uitspraak *anā'l-haqq* of 'ik ben de goddelijke waarheid' (meestal vertaald als
'ik ben God') wordt tot op heden in de moslim geestesgeschiedenis fel bedis-
cussieerd. Aanvankelijk stelde Iqbal zich nogal afkerig op tegenover de
aanspraak van Hallāj, maar nadien heeft hij zijn grootsheid ontdekt. In de
Lectures interpreteert hij de extatische ervaring van Hallāj als een uit-

drukking van bijzondere diepte. Het was niet iets zoeterig, maar een ervaring die voor de 'vervolmaakte' mens bereikbaar zou zijn. In de Jupitersfeer verschijnt Hallāj niet alleen als vertegenwoordiger van het levendige geloof. Hij wordt ook, en terecht, gezien als een "tegengewerkte, sociale hervormer". Door zijn radikale eis voor verinnerlijking van het geloof en van de riten, had hij aanstoot gegeven bij de letter-trouwe theologen en juristen. Het zijn deze politiek-sociale aspecten van zijn leer die tenslotte tot zijn terechtstelling hebben geleid. Deze aspecten worden ook sterk beklemtoond in de moderne, islamitische literatuur, zoals bv. in het Hallāj Drama van de Egyptische schrijver Salāh ʿAbdas Sabūr. Zijn terechtstelling werd voor de mystieke zangers in de Perzische, Turkse en Indische traditie een symbool voor de vereniging met God. "De galg werd voor hem een bruidsbed", zo zingen de barden in de Indusvallei. Hallāj had immers zelf altijd naar de dood verlangd, zoals we in een veelvuldig geciteerd gedicht lezen:

> Doodt mij, vrienden,
> Want alleen in de dood is er leven...

Iqbal was wellicht de eerste, moderne dichter die aan de martelaar-mysticus een zo prominente plaats heeft gegeven, lang vóór zijn belang ontdekt werd in de Arabische wereld. Nog in zijn doctoraatsdissertatie had hij hem als "eindeloos pantheïstisch" vergeleken met de Shankara, de grote Indische filosoof van de Advaita of 'niet-tweeheid' filosofie. Hallāj wordt terecht tussen de grote 'minnenden' geplaatst en in de context van het *Jāvīdnāma* is hij ook belangrijk als auteur van de eerste, grote hymne ter ere van de stralende Profeet Mohammed. Belangrijk is zijn ongewone 'satanologie'. Dit alles is te vinden in zijn werk *Kitāb at-tawāsīn,* dat in 1913 door Louis Massignon werd uitgegeven en vanaf 1916 ook aan Iqbal bekend was.

De tweede figuur die verschijnt is Ghālib (1797-1869). Hoewel hij de lievelingsdichter is van praktisch alle Urdu sprekers in India en Pakistan, schijnt hij hier minder op zijn plaats in de rij van de 'minnenden'. Zijn bijzonder complexe Perzische gedichten brengen de ingewikkelde 'Indische' stijl tot een absurde limiet. Zijn Urdu lyriek steekt vol taalfinesses, zodat ze eerder op het verstand werkt dan op het hart, zelfs als hij voortdurend terugkomt op het lijden in de liefde. Er is wel een reden waarom Iqbal zijn lievelingsdichter hier een plaats geeft. In een theologisch dispuut rond 1827 had Ghālib een antwoord gegeven in verband met de volgende vraag: kan God nog een andere Mohammed scheppen of niet, want Mohammed is het

Iqbal in Cordoba, 1933.

"zegel van de profeten" (Sura 33/40). Omwille van zijn eerder dubbelzinnig antwoord in een Perzisch vers, heeft Iqbal aan Ghālib een plaats gegeven bij de 'minnenden' die nooit rusten.

De situatie is echter heel duidelijk voor de Perzische dichteres Qurrat ul-ʿain Tāhira, die volgelinge was van de Babi religie, in 1827 gesticht en voorloper van de Bahai. Ook zij werd omwille van haar geloof gruwelijk ter dood gebracht. Reeds in zijn doctoraat had Iqbal de Babis-Bahais met grote interesse beschreven. Wellicht heeft hij rond 1930 de gedichten van de zeer begaafde Tāhira in handen gekregen. Toen liet een volgelinge van dat geloof een exemplaar van haar verzen bezorgen aan leidende figuren in Indië. Het gedicht dat Iqbal hier in *Jāvīdnāma* door Tāhira laat reciteren is haar eigen gedicht. Ook Ghālib draagt zijn eigen *ghazal* voor. Alleen het gedicht van Hallāj is van de hand van Iqbal -Hallāj schreef alleen in het Arabisch- en het komt uit de *Boodschap (ghazal* Nr. 17). De centrale idee is een citaat uit *Divan* van de Mogul dichter Nazīrī (overleden in 1612):

Wie niet werd gedood, is aan ons niet verwant.

Deze idee vinden we elders in het werk van Iqbal terug. En Tāhira sprak:

Als mijn oog je ooit zou aanschouwen,
   van aanschijn tot aanschijn, daar en daar,
zal ik de zorg verkondigen die ik leed,
   lijn na lijn, woord voor woord...

Door dit vers raakt de dichter zeer opgewonden, maar Rumi spoort hem aan om aan de grote 'minnenden' zijn problemen voor te leggen. Zijn eerste vraag gaat natuurlijk over het feit waarom zij zo ver van het paradijs vertoeven, waar toch alle heiligen zijn. In het antwoord van Hallāj vinden we één van de meest roerende uitdrukkingen in de filosofie van Iqbal, als hij zingt over de *qalandar* (de "vrije geest, die van *khudī* spreekt", *ZK*):

De vrije geest, die goed en kwaad kent,
Heeft geen plaats in het paradijs!
Het paradijs van de vromen kent wijn en Hoeri's,
Het paradijs van de vrijen is eeuwig zwerven!
Het paradijs van de vromen is slapen en eten;
Voor de liefhebbenden is het de ware schouwing van het Zijn.
De opstanding van de vromen: bazuingeschal -
Wij kennen alleen de sterke liefde van de laatste dag!

De minnende kent geen vrees of hoop, zoals de wetenschapper die op het intellect moet vertrouwen.

Het weten beeft voor de macht van de schepping -

De liefde duikt onder in de pracht van de schepping!

Tranen van verlangen en vuur onder de voetzolen zijn vereist, zodat de minnende zich ontplooit en zo stralend wordt dat zelfs de zon hem, een stukje stof, benijdt.

Zindarud herhaalt de vraag over het lot, die hij reeds op Mars had gesteld. Hij krijgt een gelijkaardig antwoord als bij de Marsmensen:

Zelf beslissen is het geloof van de sterken,
Voor de ware mannen is het grootste volheid...
Zelf beslissen maakt de rijpen nog rijper,
Maar de onervarene ziet het als een graf...

Hallāj herinnert de bezoeker eraan dat Khālid ibn al-Walīd met zijn heldendaden de wereld veranderde tijdens de eerste jaren van de islamitische expansie. Verder ook verwijst hij naar het verhaal van Rumi in *Mathnawi*, waarin het geloof van Bāyezīd Bistāmī, de grote Perzische mysticus, geprezen wordt:

Een vrome moslim, ten tijde van Bāyezīd,
Zei tot een vuurpriester:
"Het zou beter zijn als je je zou bekeren,
Zo kom je in het geluk, in het eeuwig heil".
Hij antwoordde: "Als dát geloof is, jongeman,
Wat ik bij Bāyezīd, de grote sheikh, heb gezien,
Dan heb ik niet de kracht om dat te verdragen -
De strijd van de ziel is te groot voor mij om te wagen!"

Vrees en hoop passen alleen bij de zwakkelingen:

Niet iedereen heeft de kracht zich aan God over te geven!

Als men toegeeft dat alles geschiedt volgens de slogan: "Wat zal zijn, zal zijn", dan heeft men geen kennis van het lot, van zichzelf of van God. In de sfeer van Mercurius werden de zwakkelingen berispt, die in "disharmonie met zichzelf" leven. Hier prijst Hallāj de ware man van God:

De ware gelovige smeekt in zijn gebeden:

"We komen met U overeen - Doet U maar".
Zo wordt zijn wens de schepper van het lot,
Op de dag van de strijd wordt zijn pijl de pijl van God.

Dit alludeert op het vers van de Koran, geopenbaard na de eerste overwinning van de moslims in de Slag van Badr (624): "Jij wierp niet, toen je wierp, maar God" (Sura 8/17). Voor de moslim denkers beschrijft dit vers de toestand van de mens, die alleen nog het instrument is van God, als hij *islam* beoefent in zijn diepste betekenis, d.w.z. als "absolute overgave". We moeten ook denken aan het beroemde *hadīth an-nawāfil,* waarin God aankondigt: "Mijn dienaar houdt niet op Mij met steeds meer overtreffende daden te naderen... tot Ik zijn oog word waarmee hij ziet, Ik zijn oor word waarmee hij hoort en Ik zijn hand word waarmee hij neemt". Waarom dan, vraagt Zindarud verbaasd, is de verkondiging van zo een positieve leer steeds door kortzichtige mensen onderdrukt? Hallāj antwoordt:

In mijn borst weerklinkt de bazuin van het oordeel.
Maar ik zag een volk dat zich naar het graf keerde...

De mensen, moslims en niet-moslims, hebben de levensvonk uit het oog verloren. Ze hebben wel de liefelijke aspecten van Gods openbaring herkend, maar ze kennen de eindeloze gloed, die het zelf tot steeds nieuwere ontplooiing brengt, niet. En hij besluit:

Wat ik deed, doe jij ook - Pas op!
Je brengt opstanding aan doden - Pas op!

Hier constateren we duidelijk een lievelingsthema van Iqbal. Hallāj had wel over de verbrandende liefde voor God en het hunkeren gezongen, maar hij had ook gesmeekt dat het 'ik' moest opgegeven worden. Dat staat als een sluier tussen hem en God. Voor Iqbal weerklinkt zijn eigen oproep als de oordeelsbazuin van Isrāfīl en de opstanding is voor hem "aan zijn borst ontsproten". Met de waarschuwing van Hallāj speelt hij in op de kritiek tegen zijn dynamisch beeld van het *khudī,* die voor velen niet gemakkelijk te begrijpen was.

Nu komt Tāhira tussenbeide en prijst de eindeloze hunkering, die overal Gods weerschijn herkent en naar de dood verlangt. Met een courante fraze uit de Perzische en Urdu poëzie zegt ze:

Zij keert niet levend terug uit het dorp van een vriend.

Zindarud keert zich echter tot Ghālib en vraagt wat de betekenis was van zijn vers:

De duif is slechts een handvol stof, de nachtegaal een kleurenkooi -
Hamer, wie is het symbool van het hart in liefde verbrand?

En de dichter verklaart dat de klacht, die ontstaat uit de gloed van het hart, overal anders werkzaam is: of het nu de askleurige duif verbrandt of (en dit in tegenstelling tot de werkelijkheid) de nachtegaal in prachtige kleuren laat schitteren. Overal kan men sporen ontdekken van de productieve klacht. Reeds in *Asrār* had Iqbal dit scheppend hunkeren geprezen:

Het verlangen om te zien heeft onze blik gevormd!
Waar ligt de oorsprong van ons wakkere oog?
Door het harde lopen groeide de voet van de patrijs,
Door zijn lust in het zingen groeide de snavel van de nachtegaal...

Zou de nachtegaal kunnen zingen als hij niet hunkerde naar de roos? Nog belangrijker voor Zindarud was het van Ghālib te vernemen welke de betekenis van zijn vers was voor het profetendom. Zijn er, zo vraagt hij, in elk van de duizenden werelden in het universum, heiligen en profeten? In bedekte termen antwoordt Ghālib met zijn beroemd vers:

waar het geweeklaag van een wereld weerklonk,
was ook de 'Erbarmen voor de werelden' daar.

De Profeet wordt in de Koran (Sura 21/107) 'Erbarmen voor de wereld' genoemd. Men kan zich afvragen of God dit erbarmen voor potentiële bewoners van andere werelden mogelijk zou maken? Zindarud is niet tevreden, en na een korte dialoog gaat Ghālib verder:

Lot, rechtgeleiding, schepping zijn het begin,
'Erbarmen voor de werelden' is het einde.

Ja, zo merkt hij zelf op, mijn vers is ook maar het woord van een dichter. Het zou gevaarlijk kunnen worden als hij dieper op het geheim van het profetendom zou ingaan:

Het is ongeloof dat je van mij verlangt,
Ongeloof, zoals in zijn gedichten verschijnt!

De islam houdt als centraal dogma voor dat met Mohammed, het "zegel van de profeten", de openbaring definitief is afgesloten. Als Ghālib verder zou gaan op dit thema en zou suggereren dat in elke verleden én toekomstige tijd -dus ook ná Mohammed- profeten zouden kunnen opstaan, kwam hij in conflict met het dogma. Reeds uit een brief van 1922, aan Sayyid Sulaimān Nadwī, blijkt hoezeer Iqbal met dit probleem bezig was. Daarin vraagt hij zijn opinie over de betekenis van het vers van Ghālib. Ook in de *Lectures* gaat hij uitvoerig in op het thema van de afsluiting van de profetie. Wellicht dacht hij hierbij aan de Qadiani's, die de mogelijkheid zagen van een verdergaande inspiratie.

Hallāj komt nu tussenbeide in de discussie over het profetendom en hij looft Mohammed: uit zijn licht komt de glans van alle licht. De personen die in zich een scheppende hunkering voelen, hebben de gloed van dit licht van Mohammed gekregen, zoals gezegd wordt in de profetenhymne, *Tāsīn as-sidrāj* of 'Tasin van de Lichten' in *Kitāb at-tawāsīn*:

De lichten van het profetendom schitteren vanuit zijn glans,
Uw lichten ook, schijnen vanuit zijn licht.
Onder de lichten is geen enkel licht klaarder,
Beter aan de Ongeschapene vooruitgaande,
Dan het licht van de Heer van de genade...
Zijn streven gaat alle streven vooraf,
Zijn leven kwam vóór het niet-leven,
Zijn naam was eerder dan elke pen,
Want hij ging iedereen vooraf...
Boven hem een wolk die bliksemde,
En onder hem een bliksem, die schitterde en licht gaf en vochtig maakte
    en voordeel bracht.
Alle wetenschappen zijn een druppel uit zijn zee,
Alle wijsheid een handvol uit zijn stroom,
Alle tijden een oogwenk uit zijn eeuwigheid...

Als antwoord op Zindaruds vraag, wie nu eigenlijk Mohammed is, antwoordt de martelaar-mysticus met de mooiste Hymne aan de Profeet, die Iqbal ooit geschreven heeft. Daarbij baseerde hij zich op de woorden van het *Kitāb at-tawāsīn*. Hij gebruikt daarbij de uitdrukking *abduhu* of 'Zijn dienaar', die in de Koran tweemaal op de Profeet wordt toegepast, om zijn hoogste ervaringen aan te duiden. De eerste ter gelegenheid van zijn geheimzinnige, nachtelijke reis in Sura 17/1 en de tweede keer in Sura 53, 'De Ster', waar sprake is van het visioen van de Profeet. Voor de moslims is de benaming 'Zijn dienaar' het bewijs dat de islam geen incarnatie kent, ook al wordt Mohammed ten zeerste vereerd. Ook op het moment van onuitsprekelijke begenadiging, of als het overstijgende principe van de *haqīqa muhammadiyya* of de 'Mohammed-werkelijkheid', van het 'archetype Mohammed' ter sprake komt, blijft hij een schepsel van God.

> Alle werelden gooien zich voor hem in het stof,
> En toch noemt hij zichzelfs slechts 'dienaar van God',
> Hij is een mens, en toch was hij vóór Adam...

Hij is de verwachte, het principe dat de tijden verbindt. Hij is, zoals Hallāj het met een geslaagde zinspeling op het tweede deel van de geloofsbelijdenis, uitdrukt:

> Hij is een deel van het 'geen god buiten God'.

De mensen zijn aan kleuren en geuren gebonden, maar hij staat daarboven. In een later werk schreef Iqbal:

> Wij zijn de *ʿabd* of 'dienaars' van de Europeanen, hij is *ʿabduhu,*
> Hij hoort niet thuis in de wereld van geur en kleur. *(Pas)*

'Alleen God' is het zwaard, maar het ligt verborgen in de 'schede' van 'Zijn dienaar', d.w.z. men kan de eenheid van God slechts kennen door de bemiddeling van de Profeet. Alleen wie de hoogte van het woord van God: "Niet jij werpt" (zie hoger) heeft bereikt, kan dit begrijpen. De Profeet zien, betekent ook hem volgen en Hallāj waarschuwt:

> Leef in de wereld zoals die gezant van God,

Dat mens en geest jouw, zoals hem, vereren.

Maar Zindarud wil nog meer te weten komen. Hoe kan men de "Heer van de negen sferen" zien? Hallāj onderwijst hem met de terminologie van Iqbal zelf: om het zelf te voltooien, helpt de ziel om overal het goddelijke te zien. Je mag je niet in een ascetisch en eenzaam leven terugtrekken, maar je moet je op de wereld storten, ook tegen de stroom in, om de wereld te vormen volgens het goddelijk gebod:

In de strijd zul je de tijd mee hebben,
Kras het beeld van God in het altaar van de heidenen!

Hoe kan men dit kan realiseren? In overeenstemming met de twee vormen waarin God zich kenbaar maakt: Zijn schoonheid en Zijn genade, die zichtbaar is in liefde en lijden, en zijn majestatische kracht, die als dwang en geweld geopenbaard wordt. Maar, zo bevestigt Hallāj, liefde krijgt de voorkeur. Wie is dan een 'minnende'? Hallāj antwoordt:

In deze wereld is de asceet een vreemdeling,
De liefhebbende is ook vreemd in de wereld hierna.

En, zoals de bezoeker reeds meerdere keren heeft vernomen: aangezien de ervaring van God eindeloos is, kan de bezoeker zich ook nergens oponthoud veroorloven. Zo wordt dan ook de vraag gesteld, of het leven dan eindelijk tot rust kan komen in het opgeven van waarden. Hallāj reageert negatief op deze vraag, want door niet-zijn, door waarden op te geven kan men niet tot de ware kennis van God komen. Dit is dan ook een ontslagbrief aan al die mystici, die ernaar verlangen om zonder eigen bewustzijn te mogen verdrinken in de oceaan van de goddelijke schoonheid, met de hoop te kunnen opgaan in een onvoorstelbare, niet te onderscheiden eenheid.

Verder vraagt Zindarud naar het lot van hem, die zich beter achtte dan Adam en die door God werd verstoten: Iblīs, Satan, die geweigerd had te knielen voor Adam uit klei geschapen. Wellicht was Hallāj de eerste moslim mysticus die het aandurfde het op te nemen voor Satan. Hij verklaarde de weigering van deze trotse geest, die zich op zijn vurige afkomst roemde, als een teken van zijn ware liefde voor God:

Het is mijn oproer U heilig te houden...

Dit verklaart hij in *Kitāb at-tawāsīn*. God had hem toch verboden de knie te buigen voor gelijk wat buiten Hem! Hoe kon men van hem verwachten dat hij zou buigen voor een geschapen wezen? Met dit dilemma voor ogen besloot Satan het eeuwige bevel -voor niemand anders te buigen- te gehoorzamen en de tijdelijke wens te negeren. Hij, de meester van de engelen, kon zich beroemen op duizenden jaren gehoorzaamheid en nu werd hij wegens ongehoorzaamheid verbannen. "Onder de bewoners van de hemel is er geen enkele die zo de Eenheid erkend heeft als Iblīs", schreef Hallāj en hij liet Satan zingen:

Lof zij U die wist dat deze vrome dienaar
Zich voor niemand anders zou buigen naast U!

Deze gedachte, dat Iblīs de enige ware monotheïst, ja in feite de enige ware beminner van God was, heeft in de middeleeuwse islam veel mystici geïnspireerd, niet alleen in Perzië, maar ook in het Indische subcontinent en zelfs de Sindhi dichter Shah ʿAbdul Latīf. Ook Iqbal was door de rol van Satan gefascineerd en hij deed navraag naar hem. Maar Hallāj antwoordde:

Spreek niet over hem, de vorst van de afgescheidenen,
Die eeuwig dorst, met het bebloede glas!

Hij is de mens in liefdesdienst voorafgegaan en daarom maant Hallāj hem aan:

Breek de wanden van de naäping af
En leer van hem om de eenheid te belijden!

Dan nemen de drie minnenden afscheid, alhoewel Zindarud hen smeekt nog wat te blijven. Hallāj zegt echter:

Wie hebben geen rustplaats - genoeg!
Wie vinden alleen plezier in zwerven - nu is het genoeg!
In elk nu te zien en te beven
Is ons werk, en zonder vleugels te zweven!

Terwijl Zindarud probeert al wat hij gezien heeft in zich op te nemen, wordt de hemel duister. Uit de wolken verschijnt, in grauwe wolkenkleren gehuld, "een oude man, weinig lachend, weinig sprekend". Een asceet, die opgaat in de cultus van de scheiding. Hoewel hij veel profeten gezien heeft, is hij zonder geloof gebleven. De Soefi's hebben geregeld vermeld dat Satan treurig is. Het is ook mogelijk dat Iqbal hier is beïnvloed door Nietzsches Satan: "Daar vond ik hem, ernstig, grondig, diep, plechtstatig: de geest van de ernst, door wie alle dingen vallen". Dit lezen we in *Vom Lesen und Schreiben*.

En de verschijning begint te spreken, en vertelt hoe druk hij het heeft, want hij heeft geen engelen of profeten om de wereld te leiden, en dat zijn religie geen sekten of ketters heeft. Hij is er fier op dat hij het orgel van goed en kwaad bespeelt. Daarbij mag men echter niet denken dat hij God verloochent. Hij heeft immers God gezien! Hij is toch Adams partner in het lijden. Dank zij zijn activiteit heeft de mens ook geleerd te vechten, en zo zich te ontwikkelen. In een andere context lezen we:

Door mijn wagen kreeg het stof vreugde in het zich kenbaar maken,
Door mijn opstand kon het verstand zich een kleed weven! *(BJ)*

Hij smeekt de mens *niet* naar hem te luisteren, hem te negeren en zich niet te laten vangen in zijn net. Immers, telkens de mens hem gehoorzaamt en valt voor zijn verleiding, wordt Satans schuldenlast groter.

Hier beschrijft Iqbal nog eens Satan, zoals hij reeds gedaan had in *Boodschap uit het Oosten,* in een vijfdelig gedicht, *Overwinning van de natuur.* Daarin roept de opstandige Satan uit:

Ik ben geen onervaren lichtgeest die voor Adam neerbuigt:
Hij is toch uit stof gemaakt, en ik ben uit vuur geboren!

Zonder de voortdurende strijd tegen Satan zou de mens zich niet kunnen ontwikkelen. In zijn rol als ophitser herinnert Satan hier aan Goethes Mephistofeles, die "verleidt en werkt en als duivel scheppen moet".

In feite is hij een "onderdeel van die kracht die steeds het boze wil maar steeds het goede schept". Door zijn bloed -en dat lazen we reeds in het gesprek van Ahriman met Zarathoestra- wordt de wereld gekleurd. In een van Iqbals meest bekende gedichten gaat de duivel er prat op dat hij veel belangrijker (en zeker ook veel interessanter) is dan zijn tegenspeler Gabriël, die sinds eeuwen Gods lof zingt. Iblīs van zijn kant brengt onrust in de wereld:

Ik kwets het hart van God, snijdend als een doorn -
En jij? Alleen *Allah Hu!*, 'O God!' en *Allah Hu! (BJ)*

Natuurlijk is de Satan van Iqbal een complex karakter. In hem zijn niet alleen de Mephisto van Goethe en de opstandige minnende uit de traditie van Hallāj verenigd. Hij is ook, zoals we uit de mond van Rumi horen in *Boodschap uit het Oosten,* het zinnebeeld van het "één-ogige" intellect. Toen hij Adam zag, was hij immers niet in staat om in hem ook de adem van God te ontdekken. Hij zag alleen een omhulsel van klei. Daardoor riep hij ook uit: "Ik ben beter dan hij!", wat een mooi voorbeeld is van valse analogie, typisch voor het intellect. Satan wijt zijn zonde ook aan een predestinatie:

Mijn neerbuigen was niet Uw wil -

Maar God wijst hem terecht, zeggend dat hij zijn vrijheid gelijkstelt met 'dwang' *(ZK).* Van de ene kant wordt Iblīs in vele verzen van Iqbal voorgesteld als een noodzakelijke factor in de bewustwording van de mens, als een licht-brengende geest, die de ziel helpt om de chaos van de wereld te overwinnen door een bewustwording van haar krachten. Van de andere kant echter kent de dichter-filosoof ook de zeer negatieve Iblīs die zichtbaar is in de politici, vooral dan in die van Europa. Deze Iblīs leert zijn volgelingen en kroost hoe ze tweedracht kunnen zaaien onder de moslims, hoe ze hen kunnen wegtrekken van hun geloof in de eenheid van God en de eenheid van de gelovige gemeenschap. Deze gedachte kreeg vooral veel aandacht in *Zarb-i Kalīm.*

In het *Boek der eeuwigheid* verschijnt Iblīs echter als verleider, die het verleiden beu is en triestig tot Zindarud zegt:

Wie waarlijk vliegen kan, zal niet vallen,
Wie op mussen jaagt, wordt nooit een jager.

De mens is eigenlijk een te kleine buit voor hem. Alleen de volwassen man Gods zal op het einde van het pad in staat zijn om Satan tot buigen te dwingen. We denken hierbij aan de uitspraak in de moslim traditie: *aslama shaitānī* of 'mijn Satan is moslim geworden' of 'heeft zich volledig overgegeven'. Ook de opmerking van Nietzsche klinkt hier door: "Ik zou eerder geloven dat Zarathoestra de duivel heeft uitgenodigd".

Zindarud herinnert er Iblīs aan dat hij de "cultus van de scheiding" maar moest opgeven, want de Profeet heeft gezegd: "Meestal haat ik de scheiding". Maar Iblīs roept uit dat precies deze scheiding hem in leven houdt, hem bedwelmt. Hij kent en bemint God immers, maar:

'Vereniging' komt niet over mijn lippen,
Als ik dat wenste, zouden Hij en ik niet meer zijn.

Het is ook deze gedachte die in de dialoog tussen *Iblīs en Gabriël* wordt uitgesproken. Zou het niet beter zijn, vraagt de aartsengel, als Satan zich het woord Gods: "Twijfel niet aan Gods barmhartigheid" (Sura 39/54) zou herinneren. Nee, antwoordt de duivel, de twijfel is beter want zo wordt hij tot blijvende onrust aangespoord. Wellicht vinden we hier ook een echo van Dantes motto in de hel:

Laat, wie hier binnengaat, alle hoop varen!

Alleen reeds het woord 'vereniging' verscheurt de Satan en doet hem opnieuw de hevige liefdespijn voelen. Hij verdwijnt in zijn eigen rook en vanuit de wolken horen de bezoekers hem weeklagen. Hij klaagt erover dat de mens veel te zwak voor hem is en door zijn ongehoorzaamheid steeds opnieuw de schuldenlast van de Satan vergroot. In Valéry's *Mauvaises Pensées* denkt de duivel: Voor een ervaren duivel is er niets aan "een stomkop te verleiden die de bekoringen zelfs niet begrepen heeft". Het gebed van Satan is één van de meest gewaagde stukken in het werk van Iqbal:

Heer God, Heer van onrecht en van recht:
Ik voel me slecht in de nabijheid van mensen.
Hij biedt ook nooit eens weerstand,
Hij sluit zijn oog en vindt zijn 'zelf' niet!
Zijn stof kent de drang naar rebellie niet,
En ook niet de gloed van de hoogste trots!
Buit die zich zo vóór de jager gooit -
Dienaar, die de gehoorzaamheid aanbidt!
Red mij van zulke jachtbuit!
Gedenk hoe ik ook gehoorzaam was!

Mijn hoge ziel voelt zich zo vernederd hier,
Wee mij, wee mij!
Zwak is zijn wil en onrijp zijn natuur,
Hij verdraagt nauwelijks het teken van mijn slagen!
Slimmere gezellen heb ik nodig!
Rijpere partners moet ik zoeken!
Neem dat speelgoed van leem-en-water weg!
Kinderspel past niet bij een grijsaard!
Ik ben zo ontgoocheld met mijn buit:
Smekend om beloning kom ik terug bij U:
Geef me iemand die me wil loochenen,
Leid me tot een man God's,
Iemand die me naar de keel grijpt,
Dat ik beven mag voor zijn blik!
Die mij uitscheldt: "Trap het af van hier",
Voor wie ik geen cent waard ben!
God, breng me tot de levend-vrome -
Welke vreugde in de overtreding!

Als de echo van Satans klacht verdwenen is, trekt Zindarud verder. Rumi begeleidt hem naar de planeet Saturnus, die reeds door haar ringen als ongelovige is gekenmerkt. Astrologisch wordt Saturnus als groter ongeluk afgeschilderd. In het Perzisch wordt hij ook 'hindoe van de hemel' geheten. Zijn kleur is zwart, wat in de traditionele beeldspraak met de hindoes wordt geassocieerd. Hij is de hindoe deurwachter, die staat aan de poort die leidt naar de wereld voorbij de planeten. Iqbal vermeldt deze voorstelling niet uitdrukkelijk, maar hij heeft er wellicht toch aan gedacht als op deze planeet, door straf-engelen geslagen, een scène uit de hedendaagse Indische geschiedenis gesitueerd wordt. Saturnus is:

De woonplaats van hen die nooit opstaan
En die de hel zelfs niet wil om te verbranden.

Huiverend ziet Zindarud een afgrijselijke zee van bloed, vol slangen en draken:

Met zwarte huid, en vleugels van kwikzilver,
Onstuimige golven, brullend als tijgers,

Op de oever ongedierte, van schrik omgekomen...

Op deze zee ontwaart Zindarud een boot met twee naakte, bleke mannen. De een is Ja'far uit Bengalen. Door zijn verraad konden de Britten in de eerste, grote veldslag op het subcontinent (Plassey, 1757) de overwinning behalen. De andere is Sādiq, die een gelijkaardige verradersrol speelde in de strijd van Tippu van Mysore (einde 18de eeuw). Uit het duister verschijnt ook de geest van Indië, liefelijk en stralend, in aantrekkelijke gewaden, maar geboeid. Hij klaagt erover dat in India's lamp de geest van het licht gedoofd is, omdat de Indiërs niets meer weten van hun eigen 'zelf'. De historische verraders Ja'far en Sādiq zijn reeds lang gestorven, maar hun verraad -nu op veel subtielere wijze- wordt door politici herhaald. Ook al doen ze zich voor als 'Alī Haidar, de grote held van het geloof, inwendig zijn ze ongelovig zoals de held 'Antara. Uitwendig een politicus, is hij inwendig een "monnik". Hij sluit een pakt met de Europeanen en terwijl hij spreekt van 'ons land', brengen zijn daden tweespalt in de natie. Met deze woorden had Iqbal het gemunt op een lange rij politici die hem gevaarlijk schenen. Eén van de mannen in het wankele bootje roept uit dat voor dergelijke verraders zelfs in de hel geen plaats is. Het vuur van de hel mag door hun aanwezigheid niet besmeurd worden. Ook de dood weigert om hun kwade zielen op te nemen. Na een aanroeping van de wind en de aarde, de sterren en de zon, de goedbewaarde Tafelen van het lot, en zelfs de 'witte goden', d.w.z. de Europeanen, vraagt één van de lijdende figuren:

Waar vindt de verrader zijn meester?

Alles eindigt met een indrukwekkende katastrofe, een ineenstorten van deze helse wereld. De bezoekers verlaten dit onherbergzame oord, terwijl de sterren in hun baan verder trekken, onverstoord door deze ervaringen.

Saturnus is de laatste van de klassieke planeten. Daarachter begint de sfeer van de vaste sterren en Zindarud trekt immer verder. In honderd vluchtige werelden ziet hij de dood als bode van leven. Hij krijgt inzage in de meest verscheiden tijden en gewoonten, tot hij aan het uiteinde van de geschapen wereld komt, de grens van de "wereld van het 'wat' en 'hoeveel'", de ons bekende wereld van kwaliteiten en kwantiteiten. Daar ziet hij een man "met ogen, scherper dan die van een valk", die met gloeiend hart steeds opnieuw dit ene vers herhaalt:

Niet Gabriël, en ook niet het paradijs,
    niet de Hoeri's en ook niet God:
    Enkel een handvol stof, gloeiend
    met een ziel vol verlangen!

Zindarud vraagt aan Rumi wie deze bezetene wel mag zijn, die blijkbaar zingt "over het hunkerend verlangen van de ziel". Het blijkt een Duitse wijze te zijn, die woont tussen de twee werelden in. Het is Nietzsche, die Iqbal reeds in zijn studententijd geboeid had. In de *Boodschap uit het Oosten* was hij nog de bezetene die in de porseleinenwinkel van Europa binnenkomt en alles kapotslaat, als iemand "met een gelovig hart, maar een ongelovig brein". Hier wordt hij, in de woorden van Rumi, een "Hallāj zonder strop en galg" genoemd. Hier moeten we verwijzen naar een artikel van Iqbal in *The New Era*, (1917), waarin hij de Duitse denker toen reeds met Rumi vergeleek:

Niettegenstaande de grote intellectuele afstand die hen scheidt, blijken deze indrukwekkende dichters-filosofen toch in grote mate overeen te komen wat de praktische toepassing van hun denken op het leven betreft. Nietzsche zag overal rond zich de decadentie van de mens. Hij ontleedde de subtiele krachten die daarbij hadden gewerkt en probeerde het mensen-type te definiëren, dat een opdracht te vervullen had op onze planeet. De grondtoon van Nietzsches denken "was niet hoe de mens kon bewaard worden, maar hoe de mens kon overschreden worden"... De grootse Rumi ... heeft niet minder dan Nietzsche de armoede van het leven opgemerkt, de incompetentie, de ontoereikendheid en het verval van de gemeenschap waarvan hijzelf een onverbreekbaar deel was...

In zijn *Lectures* heeft Iqbal Nietzsche vergeleken met de *majdhūb* uit de Soefi traditie, de 'ontrukte, door God aangetrokken'. Door de schok van een geweldig visioen heeft een dergelijke persoon zijn verstand verloren, als een psychopaat. Zijn eigenlijke bedoelingen verstaat niemand nog. Nietzsche, zo heeft Iqbal meerdere keren beklemtoond, probeerde het christelijke godsbesef te verstoren. Als hij riep: "Geen God", betekende dit niet dat hij van godsloochening ook overging tot ontkenning van God. Hij vertegenwoordigde, zo schrijft Rudolf Pannwitz treffend, het "scheppende en bevestigende nihilisme, dat ontkent omwille van de bevestiging. Pannwitz vond dat Iqbals interpretatie van Nietzsche correct, en zelfs beter dan de meeste Europese interpretaties was. We kunnen hierbij ook de opmerking van Evelyn

Underhill citeren: Nietzsche was een moderne Johannes de Doper, de roeper in de woestijn die aan het individualisme te veel ruimte heeft gegeven. Iqbal was in hem geïnteresseerd precies omwille van zijn nadruk op het 'zelf' en op de mogelijkheid van de mens om zichzelf te overstijgen naar de *Übermensch*. Toch heeft hij op hem ook kritiek uitgeoefend, omwille van zijn "aristocratisch radicalisme". Maar, zo zegt Iqbal, niemand in Europa heeft hem begrepen:

En extase werd afgedaan als gekheid.

Niemand kende de gloed van zijn hunkerend verlangen, die hem zo onversaagd liet zeggen:

Wee de ontrukte, in het Westen geboren,
Avicenna schrijft voor hem het recept voor,
Met aderlatingen en kalmeringsmiddelen.

Maar omdat hij zich van God afwendde, keerde hij zich ook af van het zelf en vergat hij dat het ware hart niet groeit uit de uiterlijke vorm van klei en water. Daarom keek hij naar Gods macht met een uitwendig oog, niet met het oog van het hart. Hij zocht de mens en vergat daarbij dat de mens alleen waarde heeft als hij zijn plaats vindt als "dienaar van God", (niet als hij denkt dat God dood is). Jawel, had hij geleefd in de tijd van Ahmad, had hij geleefd tussen moslims en was hij juist geleid geworden, hij zou tot de eeuwige vreugde zijn gekomen.

De "tijd van Ahmad" verwijst naar de "vernieuwer van het tweede millennium", Ahmad Sirhindī (overleden in 1624), voor wie Iqbal veel waardering had. Ofwel verwijst het naar Ahmad, zoals de Profeet genoemd wordt met zijn hemelse naam. Iets later, in een Urdu vers, vinden we dezelfde gedachte in een ietwat veranderde vorm:

Als deze Europese gek in deze tijd zou leven
Zou Iqbal hem verklaard hebben waar de plaats is van Gods macht,
kibriyā. (BJ)

Zoals altijd, verwijst *kibriyā* naar een voorkeurzin van Rumi, die in zijn *Divan* uitriep:

Onze rustplaats is *kibriyā.*

Iqbal was ervan overtuigd dat ook Nietzsche zocht naar dat eeuwige leven, dat groeit uit het verlangen en de liefde. Het was tragisch voor hem dat hij de eeuwigheid zocht in de eeuwige terugkeer van hetzelfde, en niet in de voortdurende groei in de goddelijke oneindigheid. Tragisch was ook dat hij de *Übermensch* postuleerde, nadat "God dood was", in plaats van in te zien dat pas hij de ware mens kan zijn, die het meest God naderbij komt.

Na deze onthutsende ontmoeting met Nietzsche spoort Rumi zijn gezel aan om verder te trekken en zijn eigen weg te vinden, een weg die beter is dan de woorden van de Duitse filosoof. Zo vinden ze samen de poort van het paradijs, een rijk "waar de kaars van het begrijpen uitdooft". Zindarud denkt na over de wondere wereld van het hart, als over een wereld waar de negen sferen gemakkelijk een plaats vinden, waar de tulpen bloeien, tuinen aangelegd zijn, smaragd-groene kastelen en robijn-rode tenten schitteren. Rumi wijst erop dat hij de geheimen van het geestelijke paradijs niet mag vergelijken met aardse analogieën:

Wat je ziet, de bonte rij van kastelen,
Zijn daden, ze zijn niet van leem en steen.
Wat je Hoeri's noemt en de grootse Kauthar
Is de uitwendige schijn van de wereld van zaligheid.
Het leven hier is schouwing, verder niets...

Maar de dichter kan de aardse categorieën niet van zich afzetten en blijft met symbolen en gelijkenissen werken. Zo ervaart hij wat alle mystici in alle religies hebben ervaren toen ze probeerden in woorden te vatten wat niet kan beschreven worden. Eerst ziet hij een slot van robijnen, waarvoor lange rijen Hoeri's staan. Dit is, zegt Rumi, het hemels verblijf van Sharaf an-Nisā, de dochter van Bahā'addīn Chān. In het begin van de 18de eeuw had zij geprobeerd om weerstand te bieden aan de Sikhs, die de Panjab wilden overheersen. Zij was steeds in de Koran verdiept en had altijd een zwaard bij. Beide nam ze met zich mee in het graf:

Daardoor werd het stof van Lahore een hemel.

Het kleine mausoleum van de dappere, jonge vrouw bestaat nog altijd. Het is een bescheiden, achthoekig gebouwtje, dat de herinnering levendig houdt aan de vrouw, die in Iqbals werk, een plaats heeft gekregen naast de 'mannen van God'. Maar, klaagt Rumi:

Koran en zwaard kwamen in de handen van de Sikhs,
En de islam is dood in dit land.

(Khālsā is een naam voor de Sikhs die tot 1849 in Panjab regeerden). Door deze opmerking van Rumi begint Zindarud zelfs in het paradijs nog te bibberen van bezorgdheid en hij hoort een weeklacht die komt uit de water-put van Kauthar:

Ik verzamelde stro en hout om mezelf te verbranden;
Maar de roos dacht dat ik een nest bouwde in de rozentuin.

Dit is de dichter Tahīr Ghanī (overleden in 1661), die één van de meest bekende dichters van Kashmir was. Reeds in de *Boodschap* had Iqbal hem geciteerd. Het citaat hier inspireerde Iqbal voor enkele verzen in zijn groot 'Wens'-gedicht:

Om een nest te bouwen verzamel ik hier stro en hout;
Zie: vuur gooien in het nest, dat is mijn verlangen!

De beeldspraak in dit vers is typisch voor de latere Indo-Perzische lyriek, waar rozen en vuur worden gelijkgesteld aan het verlangen naar zelf-verbranding, die verwijst naar de Indische traditie. Ghanī zingt zijn lied in het gezelschap van een andere moslim in Kashmir geboren. Sayyid ʿAlī Hamadānī was een Perzische mysticus van de Kubrawi Orde, die rond 1350 naar Kashmir kwam, begeleid door 700 *sayyids*. In de Kashmir vallei, waar de islam niet lang voorheen was verspreid, heeft hij het geloof verstevigd en verdiept. Iqbal had veel achting voor Hamadānī, niet alleen omdat hij een geslaagde exponent was van de islam op mystiek gebaseerd. Deze islam had het land van Iqbals voorvaderen gevormd. Hamadānī had ook een *Vorsten-spiegel* geschreven, waarin hij raadgevingen gaf aan de heersers van toen. Voor hem hoorden islam en heerschappij onverbrekelijk samen.

Als de bezoekers voor de "Vorst van Hamadan" staan, brengt Iqbal op-nieuw de vraag over goed en kwaad te berde: hoe kan God goede verlangens en gehoorzaamheid verwachten, als Hij ook Satan heeft geschapen? Het antwoord is dat de mens, die zijn 'zelf', zijn persoonlijkheid heeft erkend, ook uit iets negatiefs nut kan halen. De duivel is immers de wetsteen voor het zwaard 'mens' (dit hebben we elders nog gehoord). Maar Zindarud klaagt verder:

De ene mens eet de andere op,
Het ene volk roeit het andere uit...

Met een zekere opwinding had Iqbal reeds in 1918 dit vers van Rumi in een brief geciteerd. In het citaat "alles buiten God eet en wordt gegeten" had hij een echo van Schopenhauer gevonden. Maar waarom is het volk van Kashmir zo verknecht, dit zo fijn voorbestemde volk, dat nu door vreemden wordt uitgebuit? Zo barst hij los in een loflied op zijn heimat, met zijn besneeuwde bergen, zijn prachtige platanen, het kleurenspel - daar kan je waarlijk God ervaren! En hij vertelt verder... Toen hij in de Neshat Tuinen (door de Mogul keizers aangelegd) rondslenterde en Rumi's *Lied van de Rietfluit* neuriede, zag hij een vogel die kloeg over het verval van zijn land. Een heerser als Shihabaddin was nooit weer naar de vallei gekomen. Shihābaddīn regeerde in Kashmir van 1354 tot 1373, toen ᶜAlī Hamadānī er aankwam. Als vorst had hij de verspreiding van de islam in Kashmir een belangrijke impuls gegeven. Dan hoorde Iqbal de stem van een bezetene, die ook kloeg over de toestand in Kashmir: de geest van Ghanī zingt de "doodsklacht van zijn hunkering":

Morgenwind, ga de stad Genève voorbij, en herhaal
Bij de Volkerenbond die er zetelt de volgende woorden:
Boeren en landen en stromen hebben jullie uitgewisseld,
Jullie verkopen een volk spotgoedkoop, op een lichte weegschaal!

Dit *ghazal* komt uit zijn *Boodschap* en is een klacht aan de Volkerenbond over de slechte behandeling van Kashmir.

Om deze klacht en de opmerkingen straks te kunnen begrijpen moet de lezer weten dat, na de roemvolle heerschappij van de Moguls, de vallei van Kashmir voor een lange periode werd bezet door de Durrani's uit Afghanistan. In 1819 werd het gebied van hen afgenomen door de Sikh Ranjit Singh. In 1846 werd het voor 7,5 miljoen roepies verkocht aan Gulab Singh, een Rajput van de Dogra clan. Onder deze orthodoxe, hindoe heerser verslechterde de situatie voor de bevolking, het land werd armer en vele moslims trokken weg, zoals Iqbals familie, naar Panjab. Na een tussenkomst van Lord Reading, in 1924, werden de moslims minder onderdrukt, maar de Maharaja verdreef de leiders en confisceerde hun eigendom. Deze situatie bleef duren tot in de periode toen Iqbal zijn *Jāvīdnāma* schreef, alhoewel in 1931 Sheykh ʿAbdullah de spreekbuis was geworden van de moslims. Het is begrijpelijk dat Iqbal steeds opnieuw bezig was met de toestand in Kashmir en er in zijn redevoeringen veelvuldig naar verwees. Hij moest gelukkig de dramatische toestand na de splitsing van het subcontinent in 1947 niet meemaken.

Hamadānī schijnt niet veel aandacht te hebben voor de politieke opmerkingen van zijn aardse bezoeker. Hij onderricht hem over de "door visioenen dronken" ziel, die "een zuivere parel is in het stof van het leven, altijd verder zwerft en daardoor steeds lichtender en sterker wordt. Zo geeft ze ook licht aan de mensheid. Maar Zindarud gaat opnieuw in op de politieke vragen en wil weten wie er aanspraak kan maken op heerschappij en wie de wettelijke heerser is, aan wie men belastingen mag betalen. Dit is ongetwijfeld een verwijzing naar Kashmir. Hamadānī geeft twee mogelijkheden: ofwel is hij door het volk gekozen, en de Koran is daar het bewijs voor, ofwel heeft hij de stad of het gebied met geweld veroverd. Hiermee bedoelt Iqbal de *dhū shauka* of 'bezitter door geweld en energie'. Volgens het islamitisch recht is zijn regering wettelijk. Alle andere vormen van regering zijn als glas, en moeten gebroken worden. Nu komt Ghanī tussen en wijst er Zindarud op dat toch uit het onderdrukte Kashmir de sterke mannen, zonen van brahmanen, met kloeke blik en bereid tot actie, zijn gekomen die nu in Indië de drang naar vrijheid propageren. Dit is een zinspeling op Iqbal, maar ook op de Nehru familie. Vader en zoon waren [brahmaanse] Pandits uit Kashmir en hevige vrijheidsstrijders in Brits-Indië. Ghanī beschrijft zijn visie met een parabel: de bronnen van het Vularmeer in Kashmir willen samenwerken om de kusten te besproeien. Immers, leven is over bergen en woestijnen rollen:

Golven die de kusten besproeien!

Ook Iqbal, wiens "woord de karavaanbel voor het leven is" moet met zijn vurige verzuchtingen nieuw leven brengen naar Kashmir. Hij moet aan het land een opstanding zonder oordeelsbazuinen brengen (zie hoger i.v.m. Jupiter), want de hartegloed en het vurige lied van de derwisj, van de ware arme kan de wereld veranderen. Daarom spoort hij Zindarud aan om met een dronken lied nieuwe opwinding in het paradijs te brengen. Hij besluit met een *ghazal* die als volgt eindigt:

De bloedige stroom van mijn hart vloeit uit mijn oog:
Maak er voor mij een zegelring van, met een robijn!

De tranen van de hunkerende liefde die met hartebloed zijn gekleurd, zijn kostbaarder dan robijnen. We lazen dit ook in een vier-lijn vers in de *Boodschap*:

Voor mij, vriend, is dit ene geluk voldoende:
Uit mijn boezem kan ik robijnen opgraven!

Door het lied van Zindarud zijn de Hoeri's zo opgetogen dat ze voor de bezoeker verschijnen. Rumi is geamuseerd en hij introduceert deze "tovenaar van Indische afkomst" bij zijn landgenoot Bhartrihari. Volgens de legende werd Bhartrihari zeven maal heen en weer geslingerd tussen wereldvlucht en terugkeer naar de wereld van de zinnen. Hij is ook een zeer bekende [Sanskriet] dichter. Reeds in de 18de eeuw werden zijn vertaalde verzen met grote interesse in Europa gelezen. Eén van zijn verzen heeft Iqbal als motto gebruikt in zijn *Bāl-i Jibrīl*. Daarin wijst Bhartrihari erop hoe nutteloos het is zwakkelingen met zoete woorden aan te spreken. Zindarud vraagt aan hem, "door wiens woord het Oosten de geheimen kent", van waar poëzie zijn ware gloed vandaan haalt: van God of van het 'zelf'? Maar de wijze merkt op:

Niemand in deze wereld weet: wie is een dichter?
Hel en duister klinken uit zijn snaren.
Het kokende hart dat hij in de boezem draagt,
Vindt zelfs bij God nog geen rust.

Zindarud vraagt wat er van Indië zal geworden. De hindoe wijze antwoordt met een *ghazal*, waarin hij zijn, d.i. Iqbals, visie op de centrale rol van het *karma*, het handelen, formuleert:

Deze wereld die je ziet is niet het werk van één God;
Spinnewiel, draden en spinnerok: alles vindt bij U zijn oorsprong.
Onderwerp je aan de wet van beloning voor elke daad:

Uit de daden komt de hel voort, en het vagevuur en het paradijs!

In zuivere, hindoe terminologie vinden we hier Iqbals eigen interpretatie van het belang van het menselijk handelen. Men zou eigenlijk verwachten dat hij eerder zou protesteren tegen de uitspraak dat de wereld niet het werk van God is en dat hij de rol van God als schepper en bewaarder zou vernoemen. Dit gebeurt niet. We vinden gelijkaardige uitspraken ook elders in Iqbals werk, als hij het heeft over de scheppende activiteit van het zelf.

Na deze ontmoeting met de ware derwisjes -Ghanī, Hamadānī, Bhartrihari- begeleidt Rumi zijn vriend nu naar de heersers van het Oosten: Nādir Shah van Iran, Ahmad Abdālī Durrānī en Tippu [Sultan] van Mysore. De historicus kan hier de vraag stellen waarom toch Nādir Shah en Abdālī in deze scène uit het paradijs moeten verschijnen. In 1739, na de verovering van het westelijke deel van het subcontinent, viel Nādir Shah de hoofdstad Delhi aan. Hij vermoordde 30.000 inwoners in één dag en plunderde de stad zodanig, dat niemand in de volgende drie jaar nog belastingen moest betalen. De schatkist was overvol. De Pauwentroon was een deel van de oorlogsbuit. Na de dood van Nādir Shah kwam Abdālī, uit Qandahar, en viel herhaaldelijk westelijk Indië, het huidige Pakistan, binnen. In zijn geval hadden de religieuze leiders wel Abdālī om hulp gevraagd tegen de Sikhs uit het noordwesten en de Marathas uit het zuiden. Abdālī slaagde erin om de vijandelijke legers te verslaan in de historische veldslag van Panipat, 1763. Daarna echter plunderden zijn legers Delhi even grondig als de vijanden vroeger. De derde vorst, Tippu Sultan, had in Zuid-Indië een rijk gevestigd rond 1780 en er grote economische bloei gebracht. In de strijd tussen de Fransen en de Britten in Zuid-Indië stond hij aan de kant van de Fransen. Na de Franse revolutie noemde hij zichzelf voor enige tijd 'citoyen Tippu'. Een lange tijd moesten de Britten zijn vesting in Shrirangapatnam, aan de Cauvery rivier, belegeren. Ze viel in 1799. Deze gebeurtenis is op veel schilderijen en afbeeldingen uit deze periode vereeuwigd. Tippu's 'speelgoed' is nu in het British Museum te zien: een mechanische tijger die met gruwelijk lawaai een Britse soldaat dreigt op te eten. Als Tippu, hier in het paradijs, als tegenstander van de Britten wordt afgebeeld, is dat historisch juist.

De vorsten verblijven in een onbeschrijflijk mooi, kleurrijk paleis en ze zijn op gouden tronen gezeten. Hier ook verandert de toon waarin de audiëntie wordt beschreven:

Rumi, die spiegel van de meest hoogstaande opvoeding,

opende zijn mond, met verfijnde evenwichtigheid,
En sprak: "Hier is een dichter uit het Oosten,
Een dichter of een tovenaar uit het Oosten.
Zijn denken is vlijmscherp, zijn hart verdwaasd van smart,
Zijn gedichten sloegen vonken in het Oosten!"

Nādir Shah vraagt aan Zindarud, "bij wie het Perzisch goed past", hoe de situatie in Iran nu is. Hij moet vernemen dat Iran -in de dagen van de Reza Shah Pahlavi- alleen nog de gewoonten van Europa nabootst en zich verwijdert van het Arabisch-islamitisch verleden. In plaats van ᶜAlī wordt nu Rustam, de held van het *Shāhnāma,* vereerd. De Perzen weten niet meer dat het de Arabieren waren die hen nieuw leven hebben gegeven, toen het land onder Yazdagard, de laatste van de Sassanieden, krachteloos en lusteloos was. De Arabieren hebben een opstanding gebracht in Iran, maar:

Zij weten niet wat ze aan de Arabieren te danken hebben -
Nu smelten ze weg in het vuur van de Franken!

Heel onverwacht in dit hoog gezelschap, verschijnt hier ook de geest van Nasir-i Khusrau, de Ismaïli filosoof en dichter uit de 11e eeuw. Hij was een leidende figuur in de Siebener-Schia, de groep die in de 20e eeuw werd geleid door de Aga Khan. Iqbal had grote achting voor Aga Khan III, die in het politieke en culturele leven van de Indische moslims een belangrijke rol had gespeeld. Met een korte *ghazal* looft Nāsir-i Khusrau de activiteit van "het rijdier, pen en zwaard", die alleen in de hand van de gelovige vuur en licht geven, en zinloos zijn waar geen geloof is. Daarmee verdwijnt ook weer de Ismaïli missionaris. Zijn graf bevindt zich in Badakshan, in het uiterste noordoosten van Afghanistan. Zo is een onuitgesproken overgang gemaakt naar de situatie in Afghanistan, waarover Abdālī nu inlichtingen vraagt. Zindarud vertelt over de verwarde toestand in zijn zo geliefd land, waar broeders elkaar bestrijden en tienjarige kinderen als soldaat vechten. Wellicht dacht hij aan de burgeroorlog van Batsh-i saqqā, 1929, die koning Amānullah onttroonde, aan wie Iqbal ooit zijn *Boodschap* had opgedragen. Na een tijd van anarchie was het koning Nādir Shah gelukt de rust terug te herstellen. Ten tijde van de redactie van *Jāvīdnāma* kon niemand vermoeden dat hij kort na de publicatie van de *Hemelreis* en na het bezoek van Iqbal aan Afghanistan zou worden vermoord. Om de toestand in Afghanistan te beschrijven, citeert Zindarud een vers van de Pathan nationale dichter

Khushal Chan Chattack. In de tweede helft van de 17e eeuw had hij zich verzet tegen de Mogul keizer Aurangzeb en daarvoor lang gevangen gezeten in de 'hel' van de Indische kerkers. Aan Khushal had Iqbal een gedicht in *Bāl-i Jibrīl* en een artikel in *Islamic Culture* gewijd. Hij zegt over zijn landgenoten:

Als een Afghaan een kameel vindt,
Rijkelijk uitgedost en met juwelen beladen:
Wordt hij aangetrokken door de schatten?
Neen, alleen de kameelbel kan hem verleiden!

Abdālī echter prijst zijn land en zegt, wat vandaag nog juist blijkt te zijn:

Azië is gemaakt uit leem en water,
Maar Afghanistan is het hart van dat wezen,
Als het sterft, gaat Azië verloren;
Als het opstaat, zal Azië genezen.

Het is de kracht van het geloof die eenheid, d.w.z. een verenigde natie, tot stand brengt en Abdālī waarschuwt voor een te blinde nabootsing van het Westen. Hij zegt treffend:

De kracht van het Westen komt niet uit vioolsnaren
En ook niet uit de dans van amper geklede meisjes...
De sterkte ligt niet in zijn godsloochening,
En zijn roem ligt niet in het Latijnse schrift.

In techniek en wetenschap ligt de kracht van Europa. Om die te verwerven is de tulband geen hinderpaal. Men heeft het verstand nodig, niet de kleren, en hij beklemtoont:

Op dit pad heeft men een gloed in de ogen nodig,
Niet een of andere hoed of muts.

Reeds in het begin van zijn *Lectures* had hij deze gedachte verwoord: het verblindende uiterlijk van de Europese cultuur heeft de moslims verhinderd om het ware innerlijk van deze cultuur te herkennen. Abdālī wijst er verder op dat de Turken de uiterlijke vormen van Europa hebben overgenomen.

Hun drang naar comfort wijst erop dat zij geen hart vol hunkering meer hebben. Als Zindarud jammert dat de Europese beschaving ook zeer aanlokkelijk en schitterend is, merkt Abdālī op -in schijnbare tegenspraak met vroegere opmerkingen- dat Reza Shah Pahlavi de knopen van Iran toch heeft doorgesneden, terwijl de nieuwe Nādir Shah met zijn leger orde in Afghanistan heeft gebracht.

Dan informeert de martelaar-sultan Tippu naar zijn geliefd Indië, waar in de moskeeën het heilige woord en in de tempels de gloed uitgedoofd zijn. Zindarud vindt dat de Indiërs minder door de Europese rovers zijn beïnvloed, maar Tippu wil toch zeker zijn of er in de Deccan nog een spoor van leven is. In 1928 was Iqbal voor lezingen in Zuid-Indië geweest en hij had in Shrirangapatnam het graf van Tippu bezocht. Daarna had hij in brieven blijk gegeven van zijn interesse in dat deel van het subcontinent. Zoals de meeste figuren in dit verhaal, vraagt ook Tippu of er eigenlijk nog een mens is door hunkering gedreven. Zindarud verzekert hem dat de tranen die hij tijdens zijn reis naar Zuid-Indië geplengd heeft, tulpen zijn geworden en dat een nieuw gedruis te horen is in de Cauvery rivier. De sultan geeft toe dat hij, in Gods aanwezigheid, woordloos de liederen van Iqbal gezongen heeft en dat God er de klank van het in leven heeft herkend. Tippu verzoekt hem, die toch een "levende stroom" is, *zinda rūd,* ook de boodschap van de martelaar-sultan te brengen naar de levende stroom van zijn land.

Deze lange boodschap is poëtisch één van de mooiste stukken in het boek. Eerst wordt de stroom geprezen, die ooit de troon van Tippu weerspiegelde. Hij was de enige heerser, die in een land van slapenden nog wakker was. Hij ziet zichzelf en de Cauvery rivier als bronnen van de eeuwige stroom van het leven. Alleen wat beweegt en verandert is vol leven. Reeds in de *Boodschap,* als "Antwoord op een vraag van Heine", had Iqbal over leven en handeling gesproken:

De lang uitgestrekte kust sprak: "Ik leefde reeds lang,
En toch kon ik niet ervaren: wat ben ik en wat ben ik niet".
Een golf in extase kwam aangerold en zei:
"Ik ben als ik blijf zwerven, anders ben ik niet!"

In elk leven ziet de sultan deze beweging:

Wegen zijn als zwervers op reis -
Je ziet het blijven staan, zwerven is verborgen.

Deze gedachten doen denken aan de verzen van Bedil, de Indo-Perzische dichter (overleden in 1721). Met steeds nieuwe, gewaagde beeldspraak heeft hij de voortdurende beweging bezongen van al wat geschapen is. Zelfs de duinen in de woestijn doen hem denken aan een hart dat klopt van hunkering. Al wat geschapen is, zegt Tippu verder, klaagt van scheidingssmart. Rozeknoppen en dode rozen worden op dezelfde tak gedragen en de bloeiende tulp ontstaat uit verlangen. Wie gekomen is in deze wereld van 'zijn en worden', mag niet als een vonk uitsterven. Hij moet met een vonk de wereld in brand steken, leven en sterven als een valk die hoog zweeft:

Als monotonie en stilte in mijn leven zou komen,
Zou ik smeken dat het moge ophouden!

Immers:

Een leeuwenmoment is meer dan honderd ossejaren!

De dood is niets dan wisselende alchemie, een hinde. De ware man Gods is een leeuw, die haar gemakkelijk overwint, die zich op haar stort als een valk op een duif. Voor de waarlijk vrije mens is de dood maar één van de honderd treden. Het duurt slechts een ademzucht, en de ware gelovige verlangt naar de dood, die het einde betekent van de weg van verlangen. Dit is zijn deel als hij zich offert voor de idealen van de geliefde Profeet, of sneuvelt in een strijd tegen een tiran, zoals weleer Husain, de neef van de Profeet. Alleen de martelaar kent het geheim van deze dood, die in feite een overwinningskreet is. Dit geheim heeft de martelaar gekocht met zijn eigen bloed.

In dit exposé van Tippu vinden we gedachten terug die Iqbal vroeger reeds in zijn proza had geformuleerd: het versterkte 'zelf' vindt na de dood van het lichaam nieuwe mogelijkheden tot actie. Alleen een volledige overgave aan God in de strijd voor de waarheid kan een mens zo sterk maken. De dood op zoek naar de geliefde, de weg vol doornen die leidt naar zijn/haar woonst, is een steeds herwerkt thema in de klassieke Perzische en Urdu poëzie. Hier wordt het aangepast in een "profetische" betekenis: de dood in de geloofsstrijd, in de strijd tegen de onwaarheid.

De speech van Tippu is meeslepend, maar de bezoeker wordt toch ongeduldig:

De beker van het geduld liep langzaam leeg.

Rumi fluisterde in mijn oor: "Sta op!"

en ze stappen verder naar de poort van het paradijs, waar een massa Hoeri's proberen Zindarud vast te houden. Maar hij kan en wil niet blijven staan:

Wie het geheim van het reizen kent,
Is meer bevreesd voor de rustplaats dan voor struikrovers -

Hij duwt de Hoeri's opzij, zoals hij had gedaan in een gelijkaardig gedicht in de *Boodschap*:

De liefde rust niet in scheiding of in vereniging,
Ze rust niet tot ze de eeuwige schoonheid vindt.

De weg gaat van de aanbidding van afgodsbeelden tot het ontvluchten van elke geliefde:

In de sferen is hij in het vertrouwde geroezemoes,
Van aarde gemaakt is de vrome vrij van de aarde.
De sperwer geeft niets om een duif -
De vrome jaagt op Gabriël en de cherubijnen.
De engelen zeggen: "De vrome kan niet lijden!"
De Hoeri's klagen: "De vrome laat ons toe!"

Dit lezen we later in *Zarb-i Kalīm*. Daarbij moeten we bedenken dat vanaf het begin van de islamitische mystiek, de minnenden een paradijs aangeboden kregen dat wel bevallig was, maar toch heel menselijk werd voorgesteld. Wat kan de mens dan aanvangen met enkele kastelen en een paar Hoeri's die honderden jaren oud zijn? Zindarud laat zich wel altijd overhalen om voor de Hoeri's een *ghazal* voor te dragen:

Je kwam nog niet tot bij de mens -
Hoe kan je toch naar God zoeken?

Tenslotte trekt hij verder en belandt in de goddelijke aanwezigheid, ver van het paradijs dat toch maar een glimp is van God. Hier is hij vol lof over wetenschap die tot de visie van God leidt en de weg naar Hem effent. Maar ook de wetenschap verlaat de mens zoals Gabriël doet, die slechts tot "aan de lotusboom van de buitenste grens" de profeet kan begeleiden. Ook Rumi heeft verscheidene keren Gabriël en het intellect met elkaar vergeleken. De liefde is echter jaloers op haar eigen oog. Ze zal de laatste stappen alleen zetten, zonder gezel. Immers, zeggen de Soefi's, zelfs het eigen oog is nog iets "anders". In de Perzische en Indische poëzie vinden we geregeld de uitdrukking, dat men zijn eigen oog benijdt omdat het de geliefde kan zien. Dit kan de verliefde zover voeren dat hij zijn eigen oog uitrukt en "het als voedsel voor de kraaien gooit". Zo kan hij de geliefde alleen nog met het hart zien, of -zoals de Sindhi mysticus Shah ʿAbdul Latīf het uitdrukt- met het volledige lichaam zien dat een oog is geworden. Voor Iqbal betekent deze jaloersheid van het oog ook dat Rumi hem hier alleen laat verder gaan. Hij verdwijnt in het hart van het schepsel, waar gisteren, vandaag en morgen één zijn. De lezer wordt weer herinnerd aan het vers van Goethe, waarmee Iqbal in zijn *Lectures* het goddelijke probeerde te beschrijven:

Alle duwen en wringen
Komt tot rust in God de Heer.

Er komt een spiegel tevoorschijn, en:

God werd zichtbaar, in al Zijn geheimen:
Met mijn oog schouwde Hij Zichzelf.

Met deze opmerking staat Iqbal in de traditie die zegt dat alleen God Zichzelf kan aanschouwen. Deze wereld is een spiegel, waarin God Zich, Zijn eeuwige schoonheid aanschouwt. Of, de heiligen zijn de ogen, waardoor God Zichzelf herkent. Het logisch denken kan hier niet binnentreden. Deze mooie gelijkenis over de spiegel illustreert de onverbreekbare band tussen mens en God. Het vers van Iqbal:

En nog was het niet duidelijk: Was ik of Hij de jachtbuit?

brengt ons terug naar de onversaagde verzen in het *Perzisch psalmenboek (Zabūr)*, waarin hij probeerde dit mysterie te omschrijven.

Zelfs in de aanwezigheid van de eeuwige schoonheid kan Zindarud het niet nalaten over zijn problemen te beginnen. Hij verwijt God dat de Europeanen alle goederen en alle genot bezitten en dat de moslims hun buit zijn. Daarnaast moeten de moslims nog vier bijkomende, dodelijke bedreigingen ondergaan. Daarvan had Iqbal reeds gewag gemaakt in zijn *Open Brief aan Pandit Nehru*: de woekeraar, de Wali of regeringsvertegenwoordiger en de Mullah, die met zijn enggeestige interpretatie van de Koran de moslims dom houdt. Tenslotte is er de Soefi-sheikh, die met zijn invloed en de 'pantheïstische' theosofie die hij vertegenwoordigt, de kleingelovige massa in een zwakke, dromerige fantasiewereld leidt. Hij toont de mensen niet wat het mannelijke geloof van de echte moslim is. Zulk een wereld is slechts een "vuile plek op het kleed van God".

Het mausoleum van Iqbal in Lahore.

Daarop antwoordt de eeuwige Schoonheid dat het leven op aarde betekent deel te hebben aan de schoonheid van het goddelijk Wezen. Leven betekent te verlangen en de horizon, d.w.z. de geschapen wereld aan te vallen. Wie geen scheppingskracht heeft, is voor God een ketter en een ongelovige. In deze vermaning van God zit ook de vergelijking tussen de man Gods en het zwaard. Zindarud vraagt verder wat in feite het lot is van vergane koninkrijken, aangezien er geen terugkeer in de geschiedenis is. De stem vertelt hem dat het leven zijn bron moet vinden in de Levende, de Blijvende, *al-hayy al qayyūm*. Dit zijn de namen voor God, die in het troonvers van de Koran (Sura 2/256) sterk op de voorgrond staan. Als je dichtbij de stem bent

die daar zegt: "Ik ben je nader dan je halsslagader" (Sura 50/16), heb je ook
deel aan dit eeuwige, door zichzelf bestaande leven. Erkenning van de
goddelijke eenheid en enig-zijn verheft het individu, zoals een natie waarin
het samenspel van schoonheid en macht, de noodzakelijke samenhang van
de twee openbaringen, zichtbaar is. De mystiek arme Salmān als voorbeeld
van Gods eer en de machtige Salomon als voorbeeld van Gods macht vormen
samen het leven. Hieruit begrijpen we ook wat een echte natie is in de moslim
betekenis:

Met duizend ogen *één* blik hebben...
Alle stofdeeltjes, naar *één* doel kijkend, worden de zon.

De geest van een natie leeft in gemeenschap. Als deze gemeenschap verdwijnt, sterft de natie. Eenheid van denken en handelen kan aan een natie,
die verenigd God aanschouwt, wereldheerschappij geven.
    Zindarud die, zoals het in *Bāl-i Jibrīl* staat, "zelfs in de aanwezigheid van
God zijn mond niet kan houden", wordt steeds stoutmoediger en hij wil weten, wie God is, wie hijzelf is en wat de wereld is, zelfs:

Zeg me waarom ik sterfelijk ben en U niet!

Het antwoord is kort: als het zelf voldoende gesterkt wordt, kan de mens God
aanschouwen en zal hij de dood niet ervaren. Ongeduldig vraagt Zindarud
dan wat het lot van een natie is: in Duitsland en in Rusland zijn er revoluties
geweest, de moslims worden onrustig. Wat zal er nu gebeuren?
    Nu gaat hij echter te ver. Plotseling verschijnt hem de goddelijke Majesteit
in een licht, dat de wereld van de mensen in purperen vonken doet verdwijnen. De dichter is niet meer bij machte om te spreken, buigt neer,
betoverd door de visie, zoals weleer Mozes bij het zien van het brandend
braambos. Hij hoort een vurig lied dat hem aanspoort zich bij niemand aan
te sluiten:

Je straalt feller dan de zon - blijf zo leven,
Zodat vanuit jouw ieder zijn licht kan vinden.

De westerse lezer is wellicht verrast, maar de scène stopt hier met een traditioneel Perzisch beeld:

NAWOORD

Hoe Iqbal het best tot zijn recht laten komen?

Iqbal wordt waarlijk vereerd door de moslims in Pakistan en in veel andere, moslim landen, en hij wordt bewonderd door lezers in het Westen. Maar zijn gewaagde verklaring van de Koran en zijn dynamisme dat zich zo verzette tegen een mystisch-quietistisch wereldbeeld, hebben hem ook veel kritiek en tegenstand bezorgd. Noch de vertegenwoordiger van een enggeestige orthodoxie, noch de aanhangers van een theosofisch-gnostisch wereldbeeld kunnen akkoord gaan met alles wat hij zegt. Het is niet moeilijk om in zijn uitgebreid oeuvre tegenspraken aan te duiden. Het is typisch dat Wilfred Cantwell Smith, in zijn boek *Modern Islam in India* (1946, nog altijd het lezen waard), de dichter-filosoof in twee hoofdstukken behandelt: Iqbal de progressieve, Iqbal de reactionair. Aan de ene kant is er het schijnbaar grenzeloos vertrouwen in de steeds hogere ontwikkeling van de mens, die zijn functie als stadhouder van God op aarde recht moet aandoen. Hij moet in nuttig werk én in innig gebed steeds dichter bij de Schepper komen. Aan de andere kant zijn er de opmerkingen die de lezer zeer fundamentalistisch in de oren klinken. Dit valt vooral op in zijn opinie over de vrouw, zelfs als hij er zich van bewust is dat de tijden aan het veranderen zijn en dat zijn jonge dochter ooit zelf zal moeten beslissen over haar onderwijs en over de sluier. Gezien de inwendige en uitwendige crisis in die Indische islam, leek het hem raadzaam en wijs aan vaststaande structuren te houden: een vat dat met nieuwe inhoud kan gevuld worden.

Iqbal was zich bewust van zijn moeilijke positie in de Indische islam en ook in de geestesgeschiedenis van de moslims in het algemeen. Reeds in *Asrār*, dat voor het eerst zijn ideeën over de filosofie van het 'zelf' naar buiten brengt, horen we zijn klacht:

Ik heb de luisteraars van vandaag niet nodig -
Ik ben de stem van de dichter van morgen!

Iets vroeger in hetzelfde gedicht lezen we:

Mijn denken ging op jacht en ving een gazelle,
Die nog niet was weggesprongen uit het klooster van het niet-zijn.

Twaalf jaar later, in *Zabūr-i ʿajam,* zingt hij vanuit hetzelfde gevoel:

Schenker, niemand is me vertrouwd in dit café:
Ik ben echt de eerste Adam in een nieuwe wereld!

Deze idee joeg hem op en maakte hem terneergeslagen. In zijn posthume gedichten lezen we:

Daar is geen moslim meer eenzaam dan ik.

De eerste vertaler van Iqbal, R.A. Nicholson, schreef terecht in zijn inleiding op de vertaling van *Asrār,* dat de dichter "een man van zijn tijd is, een man aan zijn tijd vooruit. Een man die met zijn tijd niet overeenkomt".

Iqbal zelf benadrukte aanhoudend zijn rol als verkondiger van een opstanding van de slapende, zelfs dode moslims. Tegelijk hoopte hij de wereld ook praktisch te kunnen veranderen:

Na mij dood zullen ze mijn gedichten lezen en zeggen:
Een man, bewust van zijn 'zelf' heeft de wereld veranderd!

Als men zijn werk opnieuw leest, ervaart men dat hij inderdaad toestanden kritiseerde en profetisch in de verf zette, die pas na zijn dood echt belangrijk zouden worden. Het is ook opvallend dat zijn dynamische visie op het leven in overeenkomst blijft met het denken van westerse, zelfs christelijke theologen, zoals Thor Andrae, zonder dat hij met hun werk vertrouwd was. Is het niet zo dat een ziener altijd meer ziet dan hij zelf weet? Nathan Söderblom heeft een aantal lezingen gehouden, met de titel, *De Levende God.* Deze titel zou Iqbal verrukt hebben. Daarin behandelt de Zweedse aartsbisschop, natuurlijk zonder op de islam in te gaan, de idee (in alle godsdiensten aanwezig) van een levende, actieve God, die door de profeten in deze wereld werkzaam is. Zonder religieuze formulering kan men Iqbals rol zien als die van een dichter die een echt tijdsgedicht schept. Rudolf Pannwitz heeft dergelijke poëzie beschreven als "niet passieve, maar actieve geschiedenis, profetie die geschiedenis maakt". Deze poëzie, schrijft

Pannwitz, "maakt in de zielen (van de tijdgenoten) een productief proces los, dat sterker is dan al het hedendaagse. Het is in staat om de toekomst te ontnemen of te ontbinden..."

Johan Fück heeft een knap artikel geschreven over de rol van Iqbal in de Indo-moslim hervormingsbeweging. Hij ziet in hem een denker, die "stevig staat op de basis van de Koran en zich ingewerkt heeft in de wetenschappelijke methodes van het Westen". Omwille van de Indo-moslim, Soefi traditie had hij een diepe, religieuze ervaring die in het Westen niet bekend is".

Het is deze religieuze ervaring die hem aanspoorde. Hij is, zoals we voortdurend hebben beklemtoond, een vertegenwoordiger van de "profetische" religiositeit, de actieve religiositeit zoals ze vooral te vinden is in de Abrahamitische religies. In zijn *Lectures* schrijft hij over de essentie van het profetische en stelt vast:

> Het leven van de wereld zoekt intuïtief zijn eigen noden en definieert in kritieke momenten zijn eigen richting. In religieuze terminologie noemen we dit "profetische openbaring".

Hoewel Iqbal hier het woord 'God' niet gebruikt, komt de uitspraak toch goed overeen met de formulering van Söderblom: "De profeet is een uitwerking van Gods activiteit".

Kenneth Cragg noemt Iqbal de spreekbuis voor iets dat diep in de ziel van de tijd ligt, en hij gaat verder: "Zo moet zijn tijd ook gemerkt hebben dat hij noodzakelijk was". Zo plaatst hij hem in de rij van 'profetische' dichters en denkers. Uit zijn visioen ontstond een staat, maar de volle betekenis van zijn dynamische interpretatie van de islam zal pas langzaam aan worden begrepen. Nog altijd klinkt de karavaanbel, zoals Iqbal zo graag schreef. Ze zal pas dan zwijgen, als de weg teneinde is... Maar de weg zal steeds verder lopen, in een nooit voltooid streven, een nooit eindigend zoeken, want:

Ik *ben,* zolang ik blijf zwerven; anders ben ik niet!

WERKEN VAN IQBAL

The Development of Metaphysics in Persia, 1907 (herdruk in Bonn, 1971). Duitse vertaling: Die Entwicklung der Metaphysik in Persien, Bonn, 1982.

Stray Reflections, 1910 (dagboek notities), uitg. door Javid Iqbal, Lahore, 1961.

Six Lectures on the Reconstruction of Religious Thought in Islam, Lahore, 1930. Later toegevoegd artikel: *Is Religion possible?* Franse vert. door Eva Meyerovitch, Parijs, 1950; Turks door Sofi Huri, Istanbul, 1964.

Dichtwerken

Asrār-i khudī, Geheimen van het zelf, Lahore, 1915 (Perzisch). Engelse vert. door R.A. Nicholson, *The Secrets of the Self,* London, 1920; vertalingen in het Turks (A.N. Tarlan), Arabisch, Urdu, Sindhi, Baluchi en Bengali. [In het Frans: D. Mortazavi & E. de Vitray-Meyerovitch, *Les Secrets du Soi,* suivi par *Les Mystères du Non-Moi,* Paris, 1989].

Rumūz-i bekhudī, Geheimen van de zelf-loosheid, Lahore, 1917; Engelse vert. door A.J. Arberry, *The Mysteries of Selflessness,* Lahore, 1953; vertalingen in het Turks (A.N. Tarlan), Urdu, Sindhi, Baluchi en Bengali. [In het Frans: zie hoger, bij *Asrār*].

Payām-i Mashriq, Boodschap uit het Oosten, Lahore, 1923 (Perzisch). Duitse vert. door A. Schimmel, Wiesbaden, 1963; Frans door Eva Meyerovitch en M. Achena, Parijs, 1956; het eerste hoofdstuk, *Lāla-i Tūr* is in London door A.J. Arberry als *Tulip of Sinai* (1947) vertaald; een selectie in het Tsjechisch werd in 1960 door Jan Marek in Praag gepubliceerd. Vertalingen in het Turks (A.N. Tarlan), Urdu, Pashto, Panjabi en gedeeltelijk in het Arabisch.

Bāng-i Darā, Lahore, 1924 (Urdu) is niet volledig in een Europese taal vertaald; alleen *Klacht* en *Antwoord op de klacht* zijn in het Engels vertaald (Altaf Husain, A.J. Arberry, E. Bannerth e.a.). Enkele geselecteerde gedichten zijn vertaald door Otto von Glasenapp in het Duits, door A. Bausani in het Italiaans, door V.C. Kiernan in het Engels, door L.A.V.M. Metzmakers in het Nederlands, en verder in het Duits door A. Schimmel en J.C. Bürgel.

Sabur-i ʿajam, Perzisch psalmenboek, Lahore, 1927 (Perzisch). Deel I en deel II zijn in het Engels vertaald door A.j. Arberry, *Persian Psalms*, Lahore, 1948. Italiaanse analyse van *Gulshan-i rāz-i jadīd* door A. Bausani, Napels, 1959. Er zijn ook vertalingen in het Pashto en het Gujarati.

Jāvīdnāma, Boek der eeuwigheid, Lahore, 1932. Duitse vertaling door A. Schimmel, München, 1957. Engelse vertaling door Shaikh Muhammad Ahmad, *Pilgrimage of Eternity*, Lahore, 1961 en door A.J. Arberry, *Javidnama*, Londen, 1960. In het Frans vertaald door E. Meyerovitch en Dr. M. Mokri, Paris, 1962; in het Italiaans door A. Bausani, Rome, 1952; in het Turks door A. Schimmel, Ankara, 1958; ook in het Pashto en in het Sindhi.

Misāfir, Reiziger, Lahore, 1934 (Perzisch).

Bāl-i Jibrīl, Vleugels van Gabriël, Lahore, 1936 (Urdu). Franse vertaling door M. Said uz-Zafar Chaghtai en Suzanne Bussac, Paris, 1977. Geselecteerde verzen zoals *De Moskee van Cordoba* in het Engels vertaald door V.C. Kiernan e.a.; in het Duits door A. Schimmel.

Zarb-i Kalīm, Slag van Mozes, Lahore, 1937. In het Perzisch vertaald.

Armaghān-i Hijāz, Geschenk van de Hijāz, Lahore, 1938 (Perzisch en Urdu).

De belangrijkste redevoeringen en artikels van Iqbal zijn gebundeld in *Speeches and Statements*, verzameld door 'Shamloo', Lahore, 2de uitg. 1948. Zijn brieven zijn gebundeld in *Iqbālnāma, Makātīb-i Iqbāl*, door Shaikh ʿAta' Allāh, 2 vols., Lahaore, 1951.

Er zijn twee Duitse bloemlezingen:

A. Schimmel, *Botschaft des Ostens,* Tübingen, 1977, met citaten uit al zijn werken; en J. Christoph Bürgel, *Steppe im Sandkorn,* Bern, 1982 (uit Iqbals Urdu gedichten).

De belangrijkste biografie is *Zindarud,* door Dr. Javid Iqbal, 3 vols, in het Urdu (en in het Perzisch vertaald).

Ook nog: Iqbal Singh, *The Ardent Pilgrim,* Londen, 1951. S.A. Vahid, *Iqbal, His Life and Thought,* Londen, 2de uitg., 1959.

LITERATUURLIJST

A. Schimmel, *Gabriels Wing. A Study into the religious ideas of Sir Muhammad Iqbal,* Leiden, 1963.

J.C. Bürgel, ed., *Iqbal und Europa,* Bern, 1980; vier lezingen van A. Bausani, J.C. Bürgel, J. Marek, en A. Schimmel.

Iqbal as a Thinker.
Eenreeks artikels door eminente geleerden. Lahore, 1944, 2e uitg. 1952 (nog altijd aanbevolen).

Hafeez Malik, ed., *Iqbal, Poet-Philosopher of Pakistan,* New York, 1959.

Atiya Begum, *Iqbals Educational Philosophy,* Lahore, 1954. 4e uitg.

Een gedetailleerd verslag over Iqbals verblijf in Europa vinden we in het Urdu werk van Saeed Durrani, *Iqbāl Europe men,* Lahore, 1988.

Een belangrijke studie is: A. Bausani, *Classical Muslim Philosophy in the work of a Muslim Modernist: Muhammad Iqbal,* in: Archiv für Geschichte der Philosophie, Berlijn, 1960.

Het Duits-Pakistaanse Forum heeft in 1977 een verzamelwerk uitgegeven, *Muhammad Iqbal oder Die drei Reiche des Geistes,* met o.a. de volgende bijdragen: J. Fück, *Iqbal und der indo-muslimische Modernismus;* H.H. von Veltheim-Ostrau, *Letzte Begegnungen mit Iqbal;* Syed Nazir Niazi, *Conversations with Iqbal;* A. Schimmel, *Iqbal in the Context of Indo-Muslim Reform Movements,* en *Die Gestalt Satans in Muhammad Iqbals Werk;* Detlev Khalid, *Die Stellung Iqbals in der muslimischen Geistesgeschichte;* Munir D. Ahmad, *Iqbal als politischer Denker.*

De Iqbal Academy in Lahore heeft in de laatste jaren honderden artikels in het Urdu, Perzisch en Engels (en andere talen), en een aantal boeken, enkele vertalingen en het tijdschrift *Iqbal* gepubliceerd.

In verscheidene bundels zijn de verslagen van Congressen gewijd aan Iqbal opgenomen:

Iqbal, the Poet of Tomorrow, ed., Khwaja Abdur Rahim, Lahore, 1968.
Iqbal, Commemorative Volume, ed., Ali Sardar Jafri - K.S. Duggal, Delhi, 1968.
Ook in het Russisch is er een belangrijke literatuur over Iqbal. B.v. M.R. Gordon-Polonoskaya, met een eerder politiek-sociologische studie, en N.I. Prigarina, met een intensieve analyse van Iqbals dichterlijke prestaties.

Secondaire bronnen:

Tor Andrae, *Die letzten Dinge,* in het Duits vertaald door Hans Heinrich Schaeder, Leipzig, 1940.
Rudolf Eucken, *Der Sinn und Wert des Lebens,* Leipzig, 1918.
August Fischer, *Aus der religiösen Reformbewegungen in der Türkei,* Leipzig, 1922.
Yohanan Friedmann, *Shaykh Ahmad Sirhindi. An Outline of his Thought and his Image in the Eyes of Posterity,* Montreal/Londen, 1971.
Friedrich Heiler, *Erscheinungsformen und Wesen der Religion,* Stuttgart, 1961.
Louis Massignon, ed., *al-Hallāj, Kitāb at-tawāsīn,* Parijs, 1913.
Ibidem, *La Passion ...d'al-Hosayn ibn Mansour al-Hallāj, martyre mystique de l'Islam,* Parijs, 1922 (2de, uitgebreide uitgave 1975).
Rudolf Pannwitz, *Der Nihilismus und die werdende Welt,* Nürnberg, 1954.
Ibidem, *Der Aufbau der Natur,* Nürnberg, 1961.
Annemarie Schimmel, *Rumi - Ich bin Wind und du bist Feuer.* Köln, 1978.
Ibidem, *Und Muhammad ist Sein Prophet,* Köln, 1981. Uitgebreider uitgave in het Engels, Un. of North Caroline Press, 1985. Het laatste hoofdstuk handelt over de profetologie van Iqbal.
Ibidem, *Pakistan, ein Schloß mit tausend Toren,* Zürich, 1965 (met een hoofdstuk over Iqbal).
Ibidem, *Islamic Literatures in India - Sindhi Literature - Classical Urdu Literature,* in: J. Gonda, ed., History of Indian Literature, Wiesbaden, 1973, 1974, 1975.
Ibidem, *Islam in the Indian Subcontinent,* Leiden, 1980.

Ibidem, *The Idea of Prayer in the Thought of Iqbal,* in: The Muslim World, 48/1958.

Heinrich Scholz, *Der Unsterblichkeitsglaube als philosophisches Problem,* Berlijn, 1920.

Wilfred Cantwell Smith, *Modern Islam in India,* Lahore, 2e uitg., 1947.

Nathan Söderblom, *Der lebendige Gott,* München, 1942.

Paul Tillich, *Love, Power, and Justice,* New York/Londen, 1954.

Christian W. Troll, *Sir Sayyid Ahmad Khan,* Delhi, 1977.

AFKORTINGEN

Voor de werken van Iqbal waaruit geciteerd wordt, heb ik alleen af-
kortingen gegeven, zonder verwijzing naar de bladzijden. De meeste
werken zijn immers toch in het Urdu of Perzisch geschreven, en zijn wellicht voor de meeste lezers ontoegankelijk. Dit biedt wel de mogelijkheid
om zich een idee te vormen over de periode waarin een bepaald gedicht
werd geschreven of een bepaald thema werd behandeld.

AH   Armaghān-i Hijāz, Geschenk van de Hijāz, Perzisch en Urdu, 1938.

AK   Asrār-i khudī, Geheimen van het zelf, Perzisch, 1915.

BD   Bāng-i darā, Rinkelen van de karavaanbel, Urdu, 1923.

BJ   Bāl-i Jibrīl, Vleugels van Gabriël, Urdu, 1936.

J   Jāvīdnāma, Boek der eeuwigheid, Perzisch, 1932.

L   Lectures, Six Lectures on the Reconstruction of Religious Thought in
    Islam, 1930.

Mis.   Misāfir, Reiziger, Perzisch, 1934.

Pas   Pas che bāyad kard, Perzisch, 1935.

PM   Payām-i Mashriq, Boodschap uit het Oosten, Perzisch, 1923.

R   Rumūz-i bekhudī, Geheimen van de zelfloosheid, Perzisch, 1917.

SR   Stray Reflections, Engels, 1910; gepubliceerd in 1961.

ZA   Zabūr-iᶜajam, Perzisch psalmenboek, Perzisch, 1927.

ZK   Zarb-i Kalīm, Slag van Mozes, Urdu, 1937.

- 191 -

INDEX

Sulaika, de vrouw van Putifar, op Jozef verliefd; Goethe gebruikte haar naam voor de geliefde in zijn *West-Östlichen Divan 102, 107*
Sūra 2/132 68; S2/137 121; S2/256 42, 178; S2/28 47, 138; S2/31 119; S6/98 107; S7/139 108; S7/171 120, 148; S8/17 5 7, 153; S10/62 70; S111 66; S112 41; S13/12 55, 146; S17/1 156; S18/59 76; S20 143; S20/23 109; S20/69 108; S21/107 72, 155; S23/14 54; S24/35 41, 138; S26 99; S27 128; S29/19 67; S31/19 16/13 67; S33/40 150; S33/72 46, 47; S39/54 161; S 40/62 42; S40/62 ; S41/53 124; S48/10 110; S49 91; S50/16 64, 70, 179; S53 156; S54 57; S54/1 122; S55/29 42, 140; S55 /33 121; S57/17 141; S84/17-20 67;
sūzisch-i nā-tamām 'onvolkomen branden', eeuwig verlangen 114

Tabrīz 15
Tagore, Rabindranāth, Bengali dichter, Nobelprijswinnaar (overleden 1941) 11
Taha 143
Tahāfut al-falāsifa 67
Tāhira Qurrat ul-ʿain, Perzische dichteres van de Babi-religie, gedood in 1852 150-151, 153
takdīr lot, wat voor de mens is voorbestemd 55-56
Tales of the Alhambra 34
taqlīd nabootsing, of meer specifiek de overname van de regels van een of andere rechtsschool 64
Tāriq ibn Ziyād, stak in 711 de naar hem genoemde zeeëngte van Gibraltar *(gebel Tāriq* berg en Tariq) en begon aldus de verovering van Andalusië 139
tarīqa 'pad', mystieke pad; ook' Soefi broederschap 72
Tāsīn as-sidrāj 155
tasbīh 'lofprijzing van God' en verder de rozenkrans die daarvoor wordt gebruikt, met 33 of 99 parels 124
Tasin 129, 131, 133, 155
tawāsīn Mv. van *tāsīn* de geheimvolle letters aan het begin van Sūra 27; bij Iqbal: inscripties in het Dal van de Profeten in de maan-sfeer 128-129, 148
Tennyson, Alfred Lord, Engelse dichter (overleden 1892) 18
Therigāthā 129
The Ardent Pilgrim 58